槎城文魁

李焘

LI TAO

蓝瑞宜 编著

经济日报出版社

图书在版编目（CIP）数据

槎城文魁：李焘 / 蓝瑞宜编著. -- 北京 :经济日
报出版社，2022.1
ISBN 978-7-5196-1051-7

Ⅰ.①槎 … Ⅱ.①蓝… Ⅲ.①李焘（1115-1184）-
生平事迹 Ⅳ.①K825.81

中国版本图书馆 CIP 数据核字（2021）第 279981 号

槎城文魁·李焘

编　　著	蓝瑞宜
责任编辑	王　含
责任校对	蒋　佳
出版发行	经济日报出版社
地　　址	北京市西城区白纸坊东街 2 号（邮政编码：100054）
电　　话	010-63567684（总编室）
	010-63584556　63567691（财经编辑部）
	010-63567687（企业与企业家史编辑部）
	010-63567683（经济与管理学术编辑部）
	010-63538621　63567692（发行部）
网　　址	www.edpbook.com.cn
E – mail	edpbook@126.com
经　　销	全国新华书店
印　　刷	成都兴怡包装装潢有限公司
开　　本	710mm×1000mm　1/16
印　　张	15.50
字　　数	150 千字
版　　次	2022 年 1 月第 1 版
印　　次	2022 年 1 月第 1 次印刷
书　　号	ISBN 978-7-5196-1051-7
定　　价	68.00 元

目 CONTENTS 录

前言   001

第一章   良臣勋业   名士高风

     皇言   005
     实物遗存   010
     历代地方志中李焘传记史料   022

第二章   丘壑家山   文采风流

     泷门文选   034
     泷门诗选   072
     《泷门诗选》补遗   110
     摩崖石刻   113

第三章　才德双馨　时人推重

诗文　　　　　　　　　　　　　　125

碑记　　　　　　　　　　　　　　170

贺序　寿序　传记　　　　　　　177

第四章　君子远逝　千载遗思

李焘生平简介　　　　　　　　　191

崇儒重教　勤奋读书　　　　　　196

勤政爱民　廉洁公正　　　　　　205

刚直不阿　一身正气　　　　　　213

淡泊明志　静以修身　　　　　　219

热爱家乡　筑城凿湖　　　　　　220

民间传说中的李斗野　　　　　　225

李焘父亲李学颜的故事　　　　　232

家训学习内容　　　　　　　　　234

后记　　　　　　　　　　　　　238

前　言

1988 年国务院批准设立河源市，原河源县析分为源城区和郊区(现东源县)，其中源城区面积361.5平方公里。源城又称"槎城"，因东江与新丰江在此交汇，江上竹筏纵横而得名。现为河源市政府的所在地，是河源市的政治、经济、文化中心。

河源于南齐永明元年 (483 年) 置县，历史悠久，人文荟萃。春秋战国时属百越之地，作为客家先民南下开基之地，这里是百越文化与中原文化交融最早的地区和岭南文化的发祥地之一。境内资源丰富，环境优美，是东江中上游客家人的主要聚居地，历代客家人在这块草木蓊郁、河流纵横的土地上繁衍生息，开枝散叶。自秦以降，中原文明与百越土著文化交融发展，形成了源远流长、底蕴深厚、特色鲜明、瑰丽多姿的客家文化。客家围屋、客家文学、客家山歌、客家花灯、客家杂技，无不闪耀着客家人智慧的光芒；望郎回摩崖石刻、龟峰塔、李焘故居、古成之象宿楼、草行丘屋等文化遗存，处处体现着源城深厚的人文历史积淀。源城是纯客家地区，国际上具有广泛影响力的华人盛会之一的世界客属恳亲大会于 2010 年 11 月在此举行（第 23 届）。

建区以来，源城人民大力弘扬吃苦耐劳、艰苦奋斗、勇于开拓、不断进取的客家精神，在区委、区政府的正确领导下，筚路蓝缕、发愤图强，不遗余力地推进"首善之区·幸福源城"建设，取得了经济社会长足发展、文化事业不断繁荣的巨大成就。

文以载道，以文化人。为贯彻落实习近平总书记关于文化建设的系列重要讲话和指示精神，大力弘扬社会主义核心价值观和客家精神，系统地收集、整理源城重要文献资料和研究成果，全力抢救、保护和发掘源城优秀传统文化，全面展示源城建区以来文学艺术创作成果，促进全区文化繁荣和社会发展，中共源城区委宣传部牵头组织编辑出版"槎城客家文库"系列图书，分期分步实施。

"槎城客家文库"内容涵盖源城的历史、人物、风土、景观、文艺等方方面面，集宣传、教育、史志、收藏等文化功能于一体，具有浓郁的客家地域文化特色、深厚的历史文化内涵，全面诠释了源城的古代文明、现代文化、人文精神、民风民俗、文学艺术、物质和非物质文化遗产等，做到古今融合、文史兼备，可谓源城的百科全书，是开启源城文化宝库的金钥匙，认识和研究源城客家文化的好教材，也是外界了解源城的"文化读本"，源城对外展示和交流的"文化名片"，它对于增长干部群众文化知识，丰富源城文化典藏，发展繁荣客家文化，提高源城的知名度，都具有十分重要的现实意义。

"槎城客家文库"是源城历史上前所未有的大型文化系列图书，涵盖面广、内容庞杂、时间跨度大，限于编纂水平，定有一些遗漏之憾和差错之处，欢迎广大读者批评指正。

"槎城客家文库"在组稿、编纂、出版的过程中，得到了各级领导和有关部门以及社会各界的大力支持，诸多人士为此付出了大量的心血和汗水，在此谨致以崇高的敬意和衷心的谢忱！

"槎城客家文库"编委会

第一章　良臣勋业　名士高风

世有良臣，光耀桑梓，福荫属地，德泽后世。

李焘，粤北英才，风骨独异，秀出侪辈，事功彪炳，官至中丞。其人身修行洁，方严持重，临事善断。为政之时，政简行清，赈民恤民，劝课农桑，教化有道。治下民风清正，俗美化醇，百姓安居，百业昌隆。任湖广按察使期间，平定楚宗之乱，芟除大难，足见其人之机敏果敢、处事得当。而在此案中不与罔顾法律、冒功窃官禄者为伍，以罢官相抗，又足见其人之刚直不阿、正气凛然。

李焘于宦途引退后，又于故土筑城凿湖，助建学宫，自己则布衣蔬食，勤俭治家。几年后复出，任云南右布政，办学训俗，改革盐井积弊，整顿盐井提举司，垦田数万顷，增盐饷千余，设立云龙州治。更因云南地僻，李焘积极附议开辟西路通道，并为此出谋划策，殚精竭虑，最终辟西路千五百里，军民得以进退。他在任时廉洁自律，隐退后，远离喧嚣，亲近山水，淡泊明志。居官有节，居乡有情，确是一位难得高士。

可谓：良臣正气，睿思似碧湖之水，终成勋业；名士清操，劲节如凌霜之竹，世诵高风。此一章章官方的授职文书，封赏文牒，正是一位清官良臣的辉煌人生，铿锵足迹。

第一节 皇言

1. 万历五年丁丑（1577 年）

万历五年授李焘奉直中大夫制词

制曰：国家两都，并建冬宫，而列属分职，营膳为先。所以饬材程艺，核制稽典，其职固未易称也。尔南京工部营膳清吏司署郎中事员外郎李焘，以廷对之彦，两左名郡。晋陟留京，始展采于职方，继宣劳于膳部。志操以历试而益励；才猷以绵亘而愈长。三载于斯，课绩称最，朕甚嘉之。特授尔阶奉直中大夫，锡之诰命。夫修营备制，有国者所不能废也，而省试功能，慎节材用，则惟尔诸臣实有责焉。往体朕志，懋纾尔枕。［出处：明·杨起元《（万历）惠州府志》卷，皇言］

2. 万历十六年戊子（1588 年）

授李焘中大夫

制曰：朕闻大学理财，必本于义。国家资盐筴安边足用，所以佐百姓之急也。命使掌之，非明学精义之士，岂易称其职乎？尔河间长芦都转运盐使司运使李焘，学识渊宏，器局端整。始以庭对擢颖，继以司理叙迁。再佐剧郡而政茂循良，两署留京而绩征最课。衡阳出守，家累弗随，以一琴一鹤之操，励不茹不吐之节。默孚简在，俾掌利权。惟不染而积蠹以除，惟不苛而商灶以裕。屡腾荐剡，朕甚嘉焉。兹因考绩，朕用授尔中大夫，锡之诰命。于戏！明于大学者，不以理财为逸；通于大义者，岂以一节为长？褒尔前劳，劝兹后事，尔其益懋乃德、远乃猷，尚大崇寄哉！毋替朕命。［出处：清·彭君谷《（同治）河源县志》卷七，清同治十三年刻本］

3. 万历四十七年己未（1619 年）

出任巡抚云南都察院副都御史

皇帝敕谕：都察院右副都御使李燝，今特命尔巡抚云南兼建昌、毕节等处地方，赞理军务，总理粮饷，提督屯田。并预备仓粮，抚安民夷，禁防盗贼，操练官军，修理城池，暨诸械器。但有贼寇生发，即会同总兵官量调官军，设法抚捕，毋令滋蔓。所属文武衙门官员，有怠玩旷职、贪酷害民者，尔体得实，轻则量情黜罚，重则孥问如律。应奏请者，参奏处治。

近核部覆该省巡按官题称：东川土司，日寻干戈，自持隔属，无复弹压，大肆跳梁，越境侵害。今特命尔兼制黔东，一如四川抚臣行事。若夷酋悔祸守常，畏威恭顺，宜捐小过与之相安。如其攻剽不休，怙终罔悛，许尔竟自调兵剿除。该地方用兵，尔宜兼督川、贵兵饷。凡征调兵马、催处钱粮，移文川、贵各抚官会议施行。二省司道俱听节制，其二省刑名等项事情不得干涉。仍禁约连接交趾等处地界官吏、军民，不许私通商旅往来交易，致启边衅。尤不许将枪铳等器、硫黄焰硝等物驮贩夷境，如有违者拏获，依律重枷究治。各处夷贼残破地方，尔须加意拊循，使人民安辑。其诸凡利病，敕内该载未尽者，俱许尔便宜处置。其军机重务，须与总兵官同心协力、从长会议停当而行。尔为重臣，须持廉秉公，正己率下，图副委任。毋得玩愒废职，及处置乖戾，贻患地方，自取罪谴。尔其勉之、慎之。故谕。

万历四十七年二月二十六日（公元 1619 年 4 月 10 日）敕谕之宝。［出处：清·彭君谷《（同治）河源县志》卷七，清同治十三年刻本］

到任奏疏

巡抚云南都察院右副都御史，臣李焘一本，奏为：恭谢天恩，并报到任事。

据云南布政司呈奉：前巡抚曹都御使验照得本院请告，奉旨回籍。所有原领“达”字四百十五号符验一道，采买朝仪象只敕谕一道，令旗牌八面，副巡抚云南关防一颗，

大勘合四道，长单四张，小勘合、火牌各三章。吏卷等项，
应发司收贮。关防候新院至日，呈送接管等因，遵奉在卷。
今照新院抚临所据敕印等项，差委标下中军官田同原赍送
到臣。臣望阙叩头，谢恩。谨于万历四十七年四月二十四
日到任，祗领接管行事，讫。

　　该臣前以原任左布政待罪入觐，荷蒙新纶，拔升今职。
业经在京具本恭谢天恩外，窃念臣禀性甘抱拙，学愧通方。
登仕五十二年，祗徒碌碌；素飧一十四任，空守硁硁。只
此一念不欺，曾无寸长足数。乃人计正待幽黜，方近畿，
顿沐新纶。曩合致仕之期，屡以乞骸而恳，诸当事未允代题。
久叨向宣之司，偶缘人乏。而谬辱会推，致徼简用。亟欲
控词于安分，惧于禁例以辜恩。矧兹巡抚悬缺年余，值彼
狡夷常相构难。迩来事丛耽搁，臣已目击伤心。行至中途，
陡报东川桀酋侵境。方抵黔界，又闻广南夷裔相仇。臣益
畏简书而不遑归，即逐日兼程而忧隃越。痛武定兵燹方息，
念昆明抒柚尤空。先是如陇川、如交岗、如石屏，已费前
抚臣之经画。从今若吏治、若边防、若民瘼，将何术勉力
以维持？衅孽频频，此地难足兵而尤难足食。相机凛凛，
若谓当震服而先当怀柔。钦我明无外车书，此邦岂宜多故？
陋前宋画，除玉斧考求，盖亦有因。案：滇徼地接西南，
仅曲靖一线道路，从黔、从蜀共由，视作咽喉。惟广南近
连西粤，经田州数日程，途如砥如矢，可扩通其血脉。商
旅惯行者，既一向称便。仕粤携家者，亦众口同词。民素

乐从究竟，岂容断塞？事于题请稽迟，特虑钱粮。赖上天惠养遐方，出复隆井卤，自然之利在，诸臣同心导布，足通省民生食味之常。不但广财源，下便于民，实可资关路，上充于国。元气通畅，益光皇舆一统之大，庶荒僻不殆于孤悬。两面恢张，潜消奸宄反侧之谋，俾梯航胥来于绝域。臣受殊恩罔极，誓无毫发自私。其事之成而利赖灵长也，岂敢妄邀天功？其事之不成而虚耗民力也，则当重治臣罪。然黔、粤皆滇邻壤，如手足，岂堪痿痹？臣虽在滇言滇，颇熟剖于藩篱，其敢舍滇与粤忍命偏其肥瘠？况目前封疆辔辖，视此地独紧要机宜，臣自应会议从长，容得当条列上请，此臣所自盟于入境之始，而寝食为之不宁者也。臣下情无任感恩激切屏荣之至，缘系恭谢天恩，并报到任事，理为具此本，专差承差张维屏赍捧，谨具奏闻，伏候敕旨。

　　皇明万历四十七年六月二十六日，臣云南巡抚李焘百拜稽首顿首。［出处：《李氏开先祠族谱》，民国十七年第九次重修本］

第二节 实物遗存

1. 进士坊

　　隆庆四年庚午（1570 年），钦差广东巡抚黄定邦为隆庆戊辰进士李焘立。［出处：清·彭君谷修、赖以平纂《（同治）河源县志》卷十二，清同治十三年刻本］

进士坊

隆庆四年庚午（1570年）黄定邦立。

2. "具庆重褒"坊

万历二十年（1592年），建"具庆重褒"坊，为李焘父封运使学颜、母封淑人马氏立。在上城北门内正街。[出处：清·彭君谷《（同治）河源县志》卷之十二，清同治十三年刻本]

注： "具庆重褒"坊为李焘父封运使学颜、母封淑人马氏立，在上城北门内正街。

"具庆重褒"坊遗存的匾额

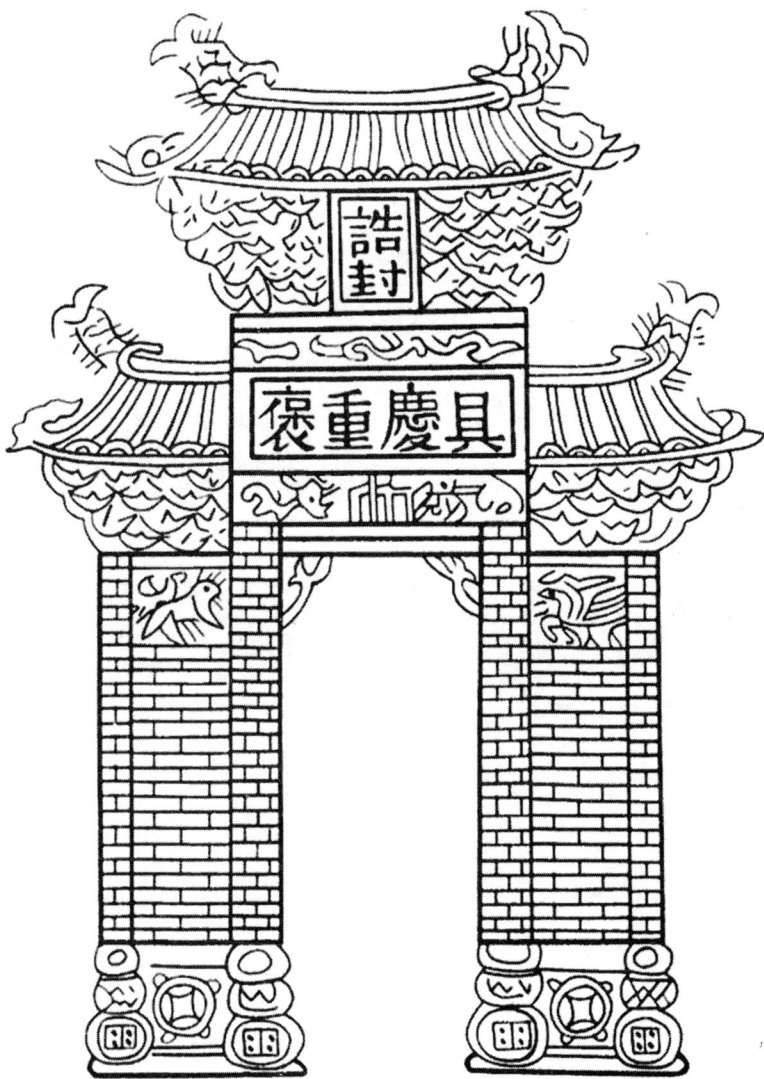

"具庆重褒"坊

万历二十年（1592年），为李焘父封运使学颜、母封淑人马氏立。

3."天申世显"坊

万历二十九年辛丑(1601年),奉诏建"天申世显"牌坊。为李焘祖赠运使珖暨配潘淑人立。在上城北门内正街。[出处:清·彭君谷《(同治)河源县志》卷之十二,清同治十三年刻]

注:"天申世显"坊,为李焘祖赠运使珖(暨配潘淑人)立,在上城北门内正街。

由钦差总督两广兵部尚书戴耀,广东布政司左布政使蔡应科,钦差兵备分巡道参政朱东光,钦差伸威分守道副使何伟,广东按察使司副使陈濂,惠州通判窦文照、祝汝元,惠州推官高祺,河源县知县陆大观、主簿张伯源、典吏董廷敬,河源县教谕李嘉谕,河源县训导赖采等署名建立。

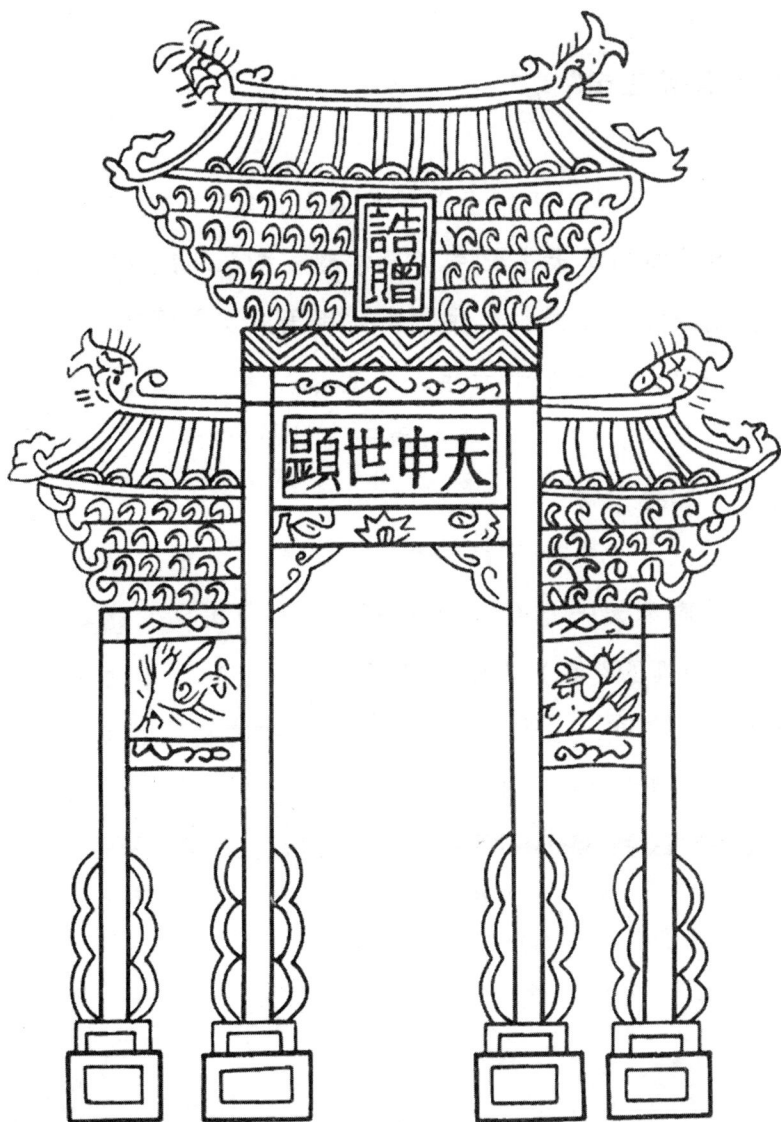

"天申世显"坊

万历二十九年辛丑（1601年），为李焘祖赠运使珫暨
配潘淑人立。

4. "恩纶三锡"坊

1619年（万历四十七年己未），建立"恩纶三锡"牌坊。为累赠通奉大夫祀乡贤李学颜、夫人马氏立。[出处：《李氏开先祠族谱》，民国十七年第九次重修本]

注1：万历四十六年，授封李焘为通奉大夫。此次是继万历五年、万历十六年的第三次封赠，"锡"与"赐"同义，故为"恩纶三锡"。

注2："恩纶三锡"坊，邑志未载，据《族谱》称：为累赠通奉大夫祀乡贤李学颜、夫人马氏立。此之前万历二十年（1592年）已建"具庆重褒"坊。族谱所载建立者地方官员名单，应为建"具庆重褒"坊的官员名单。"恩纶三锡"匾建立时间应为"明万历四十七年岁次己未孟夏建"。

"恩纶三锡"坊遗存的匾额

万历四十七年己未（1619年），为累赠通奉大夫祀乡贤李学颜、夫人马氏立。

5. 李氏宗祠

李焘留记云："图乃诰赠祖由老城迁居湖背长塘，即新城北门外是也。前天马、后印冈，左梧右桂，五房子姓发迹于此。迨万历十年壬午大水，始迁入新城分居。因万历二十年，先君子奉诏建立牌坊，即将此旧宅改为祠宇，与建牌坊同日兴工，名曰'开先'，盖取'有开必先'之义也。是祠三栋，大门一栋三间，中栋官厅，上栋置五龛。至四围界止，前自大门至塘墈为界。后有檐水暗巷，水墙外为界。左翼地长自后栋水墙巷至塘墈为界；阔自左扉至邹屋园为界。右翼地长自后栋水墙巷至塘墈为界；阔自右扉至石灰墙巷为界。右翼筑有小屋三间，祠丁住。另有园地一长块，至化龙庵大门右侧路边止。孙焘志。"

注： 祠位于上城北门外湖背长塘，南向。原是李景星由老城学宫后迁居于此，万历十年壬午（1582年）大水，迁入新城（上城）定居。万历二十年（1592年），李学颜病逝。因奉诏为李学颜建立"具庆重褒"牌坊，遂将此旧宅改作祠堂，与牌坊同日开工，名曰"开先祠"，取诰赠制词"山云出而雨降，有开必先"之义。

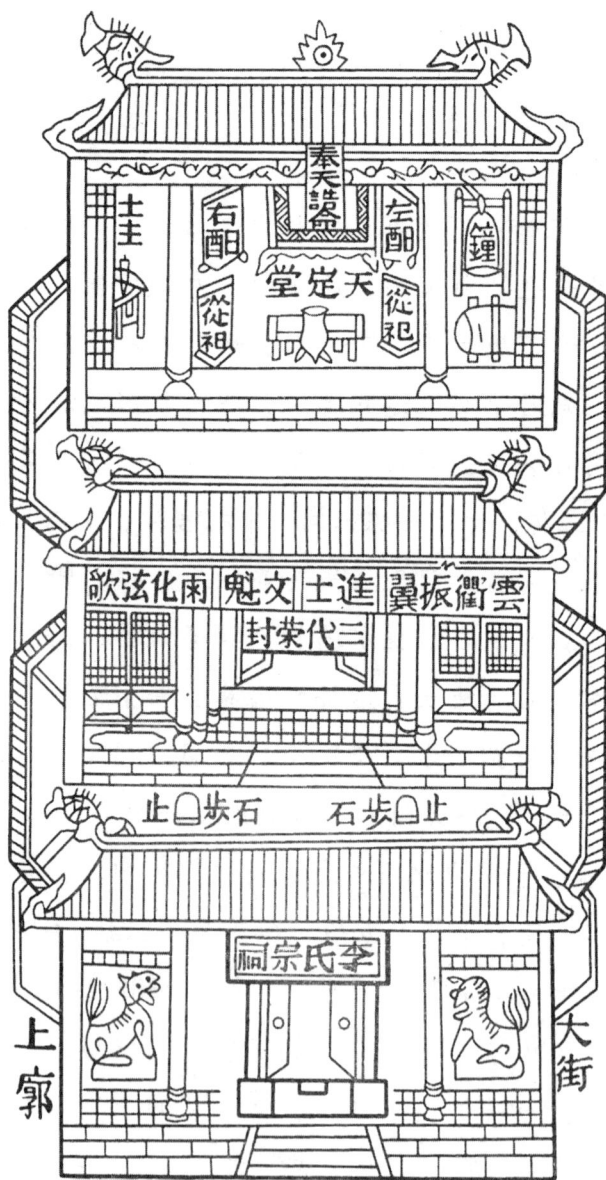

李氏宗祠

　　万历二十年（1592年），因奉诏为李学颜建立"具庆重褒"牌坊，遂以旧宅改作祠堂，曰"开先祠"。

　　李氏宗祠是由老城学宫迁居于上城北门外湖背长塘的旧宅改建。下图为官厅。

6.千岁楼

夫楼之名于何昉乎？由明迄今，斯楼之建二百余年矣。楼虽兵燹毁焚，而胜迹犹在，况中丞公落成之诗，班班可考也。虽邑乘所载，仅得其略，而参之旧谱，细得其详。旧谱云：中丞公仕楚，解宗藩之难，时上赐金数百不敢受，固劝乃敢奉命。无何，致仕泷门，时帝子属念遗书，又触昔年赐金，因以建楼，额曰"千岁"。故中丞公诗落成云："圣朝予告辞三楚，帝子遗书问一邱"。即此是也。楼在泷门阿婆庙左边，坐南向北，后拥桂岫，前临江流，巍楼叠筑，俨出层峦。时戴司马、刘御史经过就访，尝邀游宴饮，有"欲穷千里，更上一层"之叹。至其楼之诗、序、碑文，则有别纪。兹仅述乎楼之所以起与楼之所以名，盖不惟广宗藩之德意，亦以见中丞公高洁之雅怀也。

千岁楼，在县西十里，明邑人李焘仕楚时，解宗藩之难，藩酬以金。归建是楼，倚山滨江，有芙蓉池、太曲流觞池诸胜。[出处：清·彭君谷修、赖以平纂《（同治）河源县志》卷十二，清同治十三年刻本]

注： "千岁楼"为李焘退隐居住处，旧址在今新丰江大坝左，今无存。万历三十三年，李焘因"楚宗之乱"罢官后，楚宗藩为感谢李焘"寝五路征兵"，解楚宗之难，送数百金答谢。李焘无法推辞，回乡后建"千岁楼"，以彰楚宗之厚爱。可参读先贤李维祯《泷门隐居记》。

千岁楼图

　　"千岁楼"，旧址在今新丰江大坝左侧，"阿婆庙"下游。今无存。

第三节　历代地方志中李焘传记史料

1.《明实录》记录李焘史料

万历十二年七月（1584年8月），己丑，升衡州府知府李焘为长芦运使。［出处：明·张溶《明神宗显皇帝实录》卷一百五十一，钞本］

万历十七年七月（1589年8月），乙酉，升长芦运盐使司运使李焘为广西右参政。［出处：明·张溶《明神宗显皇帝实录》卷二百十三，钞本］

万历三十一年三月（1630年4月），己巳，复除原任广西右参政李焘为湖广右参政兼佥事，整饬郧襄兵备。［出处：明·张溶《明神宗显皇帝实录》卷三百八十二，钞本］

万历四十年壬子年正月（1612年2月），复官补任李焘广西左江道按察使。

万历四十年壬子年七月（1612年8月），甲寅，改任广西右布政使李焘为云南右布政使。［出处：《神宗实录》卷四百九十七］

万历四十一年正月（1613 年 2 月），辛巳，升李焘为云南右布政使。［出处：明·张溶《明神宗显皇帝实录》卷五百四十，钞本］

万历四十六年十二月（1619 年 1 月），升李焘为右副都御史巡抚云南兼督川贵兵饷。［出处：明·张溶《明神宗显皇帝实录》卷五百七十七，钞本］

万历四十六年（1619 年 1 月），以左布政使李焘为右副都御史巡抚云南。［出处：《天启·滇志》卷一］

万历四十七年六月（1619 年 7 月），戊寅，吏科署科事张延登言：云南巡抚李焘被纠赴任。疏留中，不报。［出处：明·张溶《明神宗显皇帝实录》卷五百八十三，钞本］

万历四十七年十一月（1619 年 12 月），壬午，巡抚云南右佥都御史李焘，以人言乞罢，章下该部。［出处：明·张溶《明神宗显皇帝实录》卷五百八十八，钞本］

2. 清代地方志中李焘传记史料

清·彭君谷《河源县志》卷七，清同治十三年刻本

李焘，进士。初任福建泉州府推官，再任浙江金华府同知，三任南兵部职方司员外，四任南工部营缮司员外、署郎中事，授阶奉直大夫。五任南工部郎中，六任湖广衡州府知府，七任长芦都转运盐使司运使，授阶中大夫。八任广西布政司参议，九任湖广郧襄道，十任湖广按察使，十一任广西左江道，十二任广西右布政，十三任云南左布政，十四任巡抚云南都察院副都御史兼督川贵兵饷，授阶通奉大夫。

清·阮元《广东通志》卷二百九十一，清道光二年刻本

李焘，字若临，河源人。四岁授句读，辄求其解。嘉靖甲子乡荐，登隆庆戊辰进士。授泉州司李，廉敏绝伦，为忌者所中。迁金华郡丞，有谢某阴发人冢，累其族七人淹系莫白。焘至，廉得伐冢者，立毙杖下，七人尽释。迁南职方员外。晋营缮正郎，奉敕督修陵寝，赏赉如法。擢守楚衡。迁长芦盐司。参知粤西，化猺户为编民，三年，城门不闭，道不拾遗。改楚臬，值楚宗猷法，奉勅五路会剿，赖焘寝格，诸藩帖然。晋滇辖，辟西路千五百里，垦田万顷，增盐饷千余。滇僻界缅甸，军民顽梗，焘为治七载，囹圄皆空，膏润不染。晋都御史，归休。改邑城，浚

濠源七十里绕墉。兴学训俗，立关御暴，乡人感其德。卒年八十二。

清·刘溎年《惠州府志》卷三十二，清光绪十年刊本

李燾，字若临，别号斗野，河源人，学颜长（次）子。四岁授句读，辄请所解。弱冠，督学杨公奇之。年二十一，举嘉靖甲子科，隆庆戊辰进士。授闽泉郡司李，廉敏绝伦，为忌者所中。迁浙金华郡丞，有谢姓一人，阴掘人冢，累族七人淹狱，二十七载莫得白。燾至，密得伐冢者，立毙杖下，释七人冤。迁南职方副郎，晋营缮正郎，奉敕督修四陵及殿工，加俸一级。擢守楚衡，不携家属，有赵琴鹤之风。迁长芦盐司。六载场空二次。参知粤西，化徭夷为编民。三年，城户不闭，道不拾遗。按使者行部失带曰："有李守道，当无虞。"既而果然。改楚臬，值楚宗斁法，奉旨五路会剿，赖燾寝格，诸藩帖然，宛如"田叔烧梁狱"故事。晋滇辖，辟西路千五百里，垦田数万顷，增盐饷千余，西南民到今食其赐。闵公抚滇，疏称"西路大通，兵民得以进退，遂奏凯捷。"滇僻界缅甸，军民顽梗。燾辖七载，大小咸就法裁。历官三十余年，所至图圄皆空，膏润不染。去日，无不焚香泣送。晋都宪，归休。改邑城，浚濠源七十里绕墉。兴学训俗，立关防暴，为乡人所德，享年八十二，祀郡邑乡贤。

清·彭君谷《河源县志》卷十三，清同治十三年刻本

李焘，字若临。四岁习句读，辄请所解，稍长，学无不通，登隆庆戊辰进士。授福建泉州司李，操清才敏，为忌者所中。迁浙江金华郡丞，时郡有阴掘人冢者，累其族七人淹狱。焘至，密访得之，余冤尽释。迁南职方司郎。晋营缮司正郎，督修四陵及殿宇，饮赉凡五次，加俸一级。擢守湖广衡州，不以家累自随，有昔人琴鹤之风。迁长芦盐司。又参知粤西，化猺为编民。三年，城户不闭，道不拾遗。任楚臬，值楚宗猾法，奉旨五路会剿，赖焘寝格，诸藩帖然。辖滇，特辟西路千五百里，垦田数万顷。初，缅甸军民顽梗，焘至，咸就法裁，囹圄皆空。诏巡抚云南兼督川贵兵饷，后归里。改邑城，浚濠源七十里。兴学训俗，立关防暴，人感其德。年八十二，谕赐祭葬，祀郡邑乡贤。载《通志》《府志》。

清·胡之铤《（道光）晋江县志》卷三十五，清钞本

李焘，号斗野，河源人。由进士隆庆三年任泉州府推官，方严持重，临事善断，而操之以廉平。两造在前，片言剖之。吏胥抱牒受成，不敢摄一眱、掉一吻为舞文计。即单辞撼说为得情者，咸自谓不枉。而哀矜勿喜，仍恐于民有伤。义闻，仁声溢于七邑。懔摄邑篆，凡闽中有大谳议，必檄焘主之，所至有于公、张尉之颂。秩满，报最。入觐，郡人黄凤翔序以送之。

清·张荩《（康熙）金华府志》卷十一，清宣统元年嵩连石印本

李焘，河源人，进士。隆庆五年任（同知）。廉仁明断，重民命，除剧贼，惠爱小民。升去，百姓遮道留靴。

清·张奇勋《（康熙）衡州府志》卷十一，清康熙十年刻本

李焘，字若临，号斗野，河源人，进士。万历庚辰守衡，公退然若不胜衣，而神情朗裕，有兼人之才。言动准诸古人，务在力行节俭，以挽颓俗。乃取四大礼，度民所能行者辑为《简仪》，又手书司马温公《训俭》刊示民间。政暇，辄集青衿之秀者讲业。郡斋与之对食，皆脱粟与蔬，盖以身教也，一时士民靡然向风。公运思精审，善得民情，闾里恶少年皆廉知姓名，而籍其奸状事发，历数之，人皆惊骇若神。有假以密访恐索人赇者，廉其实，立毙杖下。自是豪猾敛迹，郡中大治。在官五年，迁长芦都转运使，历官巡抚。

清·江恂《（乾隆）清泉县志》卷二十一，清乾隆二十八年刻

李焘，河源人，第进士。万历中知衡州府，力行节俭，尝取四大礼，度民所能行者辑为《简仪》，又手书司马温公《训俭》刊示民间。政暇，集青衿之秀者讲肆。郡斋与之对食麤粝，以身教也。同里恶少，皆密疏其姓名，奸状

事发，历数之，人皆惊骇若神。历官巡抚。

清·曾国荃《（光绪）湖南通志》卷七十五典礼志五，清光绪十一年刻本

李公祠在岳庙前，祀明知府李焘。

清·陶易修、李德纂《（乾隆）衡阳县志》卷五，清乾隆二十六年刻本

朱文公制家礼，自宋迄明，士大夫家知秉礼者多奉行之。明万历庚申间，李斗野太守曾刻四礼简仪以训衡民，一时翕然景从。

清·陶易《（乾隆）衡阳县志》卷五，清乾隆二十六刻本

王朝聘，字修侯，一字逸生。性孝友，父丧，贫能尽礼，太守李焘表其父茔以旌之。

3. 谕祭启、谕祭文

请广东巡道洪云蒸谕祭启

伏以圣明励世，爰轸经国劳臣。价硕宣猷，遹重代天秉礼。仰皇纶辉披旧德，惟贤者光贲先庐。子姓呼嵩，云祊饮润。伏念先中丞慎勤服节，清介砥操。登籍青年，逾六十年循环甲子。当官履任，历廿七任竭蹶辛丁。法有所受而不敢违，民得其情而遄为恤。自潢派忿兴，偶楚氛倏讧于过激；乃弁流变告，几江防寻扰乎即戎。宁鳞可抗而恳罢征兵，只胥吏往来而悉勒犯宗。拘诸请室，毋衅足酿。而委蛇邀誉，但拮据早暮。辄还初服，着厥锦鞭。此素心循职事之常，讵贵卿持公评之正。倡言朝宁，拔起沉沦。兼之滇路所关，亦以安酋为验。迨请老泷门鹊尾，宛陶情鹿径龟巢。正寝告终，遗书莫献。

伏嗟帝念，录终生尽瘁之忠。特致盅章，嘘九原长枯之骨。采风因而论定，教忠绰自成规。殁且逾光宠伊，何自扪心有感。稽吁难输，恭惟代天。老公祖、老大人台下，八弦凤望，三楚巨瞻。躬帷幄平以持衡，算韬钤洞如观火。羊城遗爱，枯枝犹窈窈生荑。庾岭提戈，菁林尽安安献馘。威生虎变，绩勒燕然。犹且建议封疆，就山径扼九连之吭。壹是任劳经略，奠土宇回四塞之春。民不苦兵，公惟许国。顾圣天子玺书方笃，适先中丞恤典旋逢。藐诸孤望阙叩头，奉大人式庐举手。煌煌端冕，依稀咫尺觐天。朗朗宏文，彷佛胪传待诏。香升燔碟，余馨熏哭苏之林。礼洽粟榛，异数溢负担之米。死知有魄，宁辞肉以衔麻。生报无阶，矢剔肝而饮血。白杨碑载颂，于今泪歌山前。元壤草生烟，从此玉华地下。膺如自拊，剖恍堪明。借白莲花，愿开作戴天清韵。酌西江水，聊漱津饫德长思。敬请命期，虔先除道，拜稽阶砌，拱候旌麾。［出处：《李氏开先祠族谱》，民国十七年第九次重修本］

天启五年谕祭李焘文

朝廷遣广东巡按道御使洪云蒸至河源宣谕祭文

惟尔器识渊宏，才猷敏练。平允夙称于执法，循良式著于惠民。荐更藩臬之司，克树屏垣之绩。爰膺节钺，晋董戎旃。寝五路之征兵，消患未著；束诸宗以奉法，弭衅未萌。驭猺民则烽燧长销，散寇盗则潢池悉警。至任滇，建盐井之议，偶被浮言。迨谢政，有茝梗之陈，咸追远虑。征车有待，易箦俄闻。睠念劳臣，良深悼恻。追崇莫及，特霈芝章。荣兆加笾，并及淑配。双灵不昧，钦此渥恩。［出处：清·彭君谷《（同治）河源县志》卷七，清同治十三年刻本］

4. 乡会试同榜录

嘉靖甲子科广东乡试，李焘乡试同榜（是科广东乡试中举八十名，因册蠹蚀，仅存散名十一名）。

陈大谏（二名，《诗》，官通判燕村人）

梁材栋（四名，《礼》，梁直之侄，梁家村人）

黎思勉（二十六名，《易》，槎滘人）

何　岭（四十三名，《诗》，官理刑，大分人）

李　焘（四十四名，《书》）

钱大行（五十名，《春秋》，官知县，板桥人）

尹　瑾（五十二名，《易》，官大仆卿，万家租人）

李　远（六十一名，字允致，归善永平人）

黄守谦（六十三名，官员外，海丰人）

潘思诚（六十七名，官刺史，本邑人）

林献芹（七十三名，《春秋》，北城内人）

隆庆戊辰科广东同科考略

陈　堂（官光禄少卿，南海人）

刘维嵩（官评事，增城人）

林　华（官主事，文昌人）

张宏毅（官知府，东莞人）

黄　卷（官知府，顺德人）

王懋德（官参政，文昌人）

陈大猷（官副使，英德人）

周裔登（官按副，南海人）

李伯芳（官大守，英德人）

李　焘（累官巡抚）

李学一（官苑马卿，归善人）

何维椅（官主事，南海人）

是科会元：田一隽

大魁：罗万化

注释：

据《明进士名录》及《明代科举史事编年考证》史料载，隆庆二年二月，李焘在京参加戊辰科会试。本科会试，共有4500余人参加，由少傅太子太师、吏部尚书、建极殿大学士李春芳，掌管詹事府、礼部尚书兼翰林大学士殷士儋为主考官。试题首题为："由诲汝知之乎？"次题："舜其大孝也欤！"三题："吾岂若使是君。"经会试考核，于4500多人中，选录了403人入围殿试，李焘顺利进入殿试。三月十四日，朝廷命少师兼太子太师、吏部尚书、建极殿大学士徐阶等13人充读阅卷官。三月十五日，殿试，参与廷对者403人，李焘廷对优良。三月十八日传胪，本科录取一甲3名为罗万化、黄凤翔、赵志皋；二甲77名，三甲323名。李焘考卷被选为第三甲第109名，赐同进士出身。

第二章　丘壑家山　文采风流

俗言道：文如其人。虽未可一概而论，然而多数情况下，文品折射人品，辞采源于心灵。

观李焘诗文，有酬唱应答之作，有随兴感发之文，皆出手不凡，辞章锦绣，珠玉生辉。《泷门文选》有记桑梓大事，如《迁邑始末记》《迁儒学记》，有记胜事善举如《重建泗州塔记》，有为朋友及先人作传的，有为友人文集作序的，行文法度严谨，引经据典，骈散结合，简洁典雅。而字里行间又折射出李焘谦谦君子之风，熙熙仁者之德，读来令人似感其古道热肠，如沐春风，如浴暖阳。

如果说《泷门文选》源于俗世红尘，源于人际交往，那么《泷门诗选》则更多取法自然，得山水性灵之趣。名山秀水，庙宇亭台，诸多佳地胜景，都是可娱悦身心、放松灵魂之处。李焘在山水行旅之时，在问禅论道之所，攀行山崖，盘桓曲径，吟赏烟霞，倾听松涛。他本自心胸明廓，学识渊博，得山水之怡养，自有一种高远的气度，澹荡的胸怀，洒脱清扬的风致。林泉情致，丘壑秀色，民生人事，都在他的诗中一一展现。

他的诗既蕴藉宏远，又清新典雅，有着色浓丽之图，亦多宁谧淡远之境。诗中气象万千，正如其句中言：郁郁森松竹，翩翩振凤凰。诗文两翼，含英撷秀，尽显李焘之才华雅致及性情。

燕公自25岁登第至78岁告老还乡，其间50余年，禄食家食各半。任职14任，累官至云南巡抚。先后在福建（泉州）、浙江（金华）、南京（留都）、湖南（衡州）、河北（沧州）、广西、湖北、云南等地任职。除留下了少量的文章、诗歌外，在福建、湖南、广西、云南等地留有摩崖石刻，这些摩崖石刻，虽然经过400多年的风雨侵蚀，但字迹仍存。李燕的精神风范，仍和坚硬的岩石一样，长留世间，激励后人。

第一节 泷门文选

泷 水

"泷"，水名。《水经注笺》云："泷水，'泷'有'笼'、'双'二音。"故"泷"字在不同的使用中，有读"LONG"，也有读"SHUANG"。《说文解字》云："泷，雨泷泷儿。从水，龙声。"言水流湍急，声如龙吟。《水经注》注释武溪水有云："悬湍回注，崩浪震天，谓之泷水。泷水又南出峡，谓之泷口。"可知这个被称为泷水的水流有"崩浪震天"的气势，犹如水龙在咆哮。清·张玉书在《佩文韵府》中说道："岭南志，凡急流滩水谓之'泷'，土人谓'入滩'为'入泷'，既尽，为'出泷'。"此可见岭南山多，山溪纵横，凡急流滩水称之为"泷水"者并不鲜见。泷水从高山深处发源，沿山谷一路奔流，因地势的缘故，在奔流中没有大江河的平静，在山谷中发出犹如龙哮般的声音，一路鸣哮，狂奔出峡，与大江合流，奔向海洋。古有诗句："半天卷起千尺泷，怒声日夜相椿撞。有如万骑腾骊骝，左挟贲获右羿逢。"可见被称为"泷水"的江流，亦具有磅礴的气势。清初河源进士邝奕垣作的《怀李中丞》诗，诗中有"情钟泷水缘"句。这里所指的"泷水"，就是小江水。

泷　门

在今新丰江大坝出水口的水道处，古时两边山势耸立，怪石嶙峋，岩壁陡峭，河水湍急，犹如一处小峡谷。这里就是"泷水"（小江）出峡之门，是小江的"水口"。

泷　下

泷水出峡后，平缓流过的地方被称为"泷下"，意即泷水的下游，今"泷下"（双下）村是也。清朝之前，书写一直用"泷下"，近代不知是同音或是书写方便之故，被讹书成"双下"，字音虽同，字义甚远。泷水流经泷下后，地势让它改变了脾气，水流平缓了许多，声音变成低吟浅唱，缓缓地绕城西而往南出，汇入龙江。古时，"泷门"水口河边有一条路，叫"十二屈"，这个

"屈"字，在河源话土语中是曲折的意思，就是"好委屈"用河源土语读"好X"的那个字音。

河源有"小江"，昔又称之为"泷水"，远古时称之为"银汉之水"，意即它是一条天河。这里是一处通向"三河之源"流经地的主要出入口，也是一座山门。无论是陆路和水路，古代是县城往东北、入赣，乃至进京的一条重要的交通要道。它还与"槎城"的名字有关，在此不赘述。

泷水从三河之源而来，一路龙吼，滚滚奔流，出峡后汇入龙江。李焘的诗作遗篇《泷门诗选》，就是以其隐居在"泷水出峡之门"处，引意为诗集名。

迁邑始末记

河源今新城，盖古祯州故城旧基云。其脉为正干，另从红朱门西岭分一支，自白沙地而上廓、中廓；而旧城、而下廓以环抱之。故城高垲居中，素称佳丽，元末废弃，至嘉靖末二百年间，置为旷土，识者惜之。隆庆辛未五月初一日，河水一日一夜忽长水三丈，时值狼兵掳船，船尽远避，人民被溺，无船可渡，死者百余人。县令莆田林君大黼请于府，领米四百石赈灾民。又查本邑居民有存积者，为之平粜，全活甚众。

当是时，父老议复古城为民堡，封官李学颜、致士教官莫文泰、瑶官谢成学、监生邝京寿、耆民邱凤首倡，同心任事者一百八十人。各捐赀应用，多者二十金，少者一二金。林令见人心齐，一议请迁城。得报，遂先开筑四门城楼。道兵宪王公化临县，舍舆而徒，遍历旧基，披蒙茸、斩荆棘，为民考卜，坐桂山向东北，以为县治。林公鸠工庀材，筑前堂、后堂各四楹，手书圣经一章于堂壁前，为门二重。意欲即迁，因士民灾后困甚，未能迁居，故尚有待。然筑北边一带城垣，与四门相望，是为新城，其规模已宏远矣。林公迁去，继之者不曰费甚，则曰招议，辄置诸度外。

万历戊寅，县令泰和曾君守愚，始计城周围七百余丈，城墙、马路、窝铺、衙宇、库、狱、学等项，费该万金，以请分守少参李公盛春。议略曰："县治之设，乃地方命脉所关，印信、库、狱攸关，故相地利而宅建者，急务也；筑城垣以保障者，永图也。古城地势高峻，风气翠藏，似为可久之基；县堂城楼俱存，尤有可因之势。询诸士民，谓先因山寇作乱而避居江浒，每遭洪潦泛滥，如今之冲决民居房屋者，可鉴也。且访城内皆军、城外皆民，军获栖止之便，民遭洪水之灾，以故相轧而不相能，汹汹然欲迁古城者，皆民之志愿也。虽曰工程浩大，为费不赀，然而事干大计，必一劳乃可永逸，必重费斯获永宁。若惮其劳且费，而靳其力与财，则事体难以就绪。要在委用得人，随时节缩，则虽多不溢，有余必报。况工以次第而举，银以次第而完，亦毋患乎其有缺也。"议工两台，皆报可。直指龚公懋贤，曾目击水患，遂捐赎锾四百金以充公费。

时曾令以城长，费多难处，欲截去东南一隅。会郡守宋公尧武至，力止之，仍循旧基筑。曾令参以阴阳家之说，建县治南向，堂四楹；左为幕厅，两房科各八楹。前为仪门，又前为鼓楼。即大门后为知县廨，左为主薄廨，仪门外之左为典史廨。廨之前为狱，右为土地祠，祠后为礼宾馆。县治已建，以南楼昂然于前之右，非阴阳家所宜，于是，以南未开门而加开一中东门，移南楼于上。省祭赖文迪、谢成学督工，改原建东北向之县治为宪台，以侯直指、监司、巡历、驻节云。其工费则取之城中市地银三千金；士民义助四百金；军饷一百八十金；饷米价银五百六十金；赎镪一百七十四金；牛税五百四十金；蓝能贼田价银一千五百金；长宁贼田价银二千金。中有未全完者，知县陆续设法措置。一时繁兴，城墙整饬平直如弦。曾令经画督理，稽核为劳，未及迁，以他事去。

至壬午五月初四日，河水暴涨，视辛未更加四尺，为灾愈甚。蓝能、义合山水涌涌，有移岭三十余丈者，溪谷堰塞，覆压田亩千余顷，三廓房屋漂流者不下千间。入夜，水怪百出，或谓观音神灵救苦难云，未可知也。是时，分守胡公时化，恻然悯之，请于制府长乐陈公瑞，给饷二百金以赈，刻期督县令汤君民仰先入居新城，以为民望。士民从之如归市。是为万历十一年癸未正月初六日也。[出处：清·彭君谷《（同治）河源县志》卷十四，清同治十三年刻本]

迁儒学记

河源儒学，洪武二年建于旧城东南隅，历二百余年矣。顾旧城河滨，夏潦为灾，学宫屡遭水患，然未甚也。隆庆辛未大水，庑门斋亭坏。万历壬午又大水，文庙明伦堂尽坏。先以古城地势高垲，议建复以居民，筑城垣、迁县治焉，是为新城。乙酉岁，邑令欧阳君询循初议，始建学于新城西北隅，东向以临鳄湖，盖考卜选胜，以兴文教、育英才云。一时工役浩繁，时诎难以并举，而别轻重为后先，于是建文庙于中，左右为两庑，前为戟门，又前为棂星门，庙后为明伦堂，左右两斋曰"进德"、曰"修业"。前为仪门，又前为儒学门。堂之西北隅为启圣祠，皆撤旧宇木石，可用者仍之，朽者易之，缺者补之，崇隆翼翼，森严整饬，灿然可观矣。

会天子采礼官议，以我朝正学三先生从祀文庙，而吾乡陈白沙先生与焉。盛典颁至，遂制三先生牌位于西庑，庙貌维新，从食孔式，斯遇亦奇矣。然祠亭犹未建，而以名宦、乡贤牌附于西庑之末。御箴敬一碑，犹在废学草莽中，典礼犹缺，学制未称。诸生以为言，邑令周公炳以状闻，郡守林公国相议请工价于制府、按台、监司，俱报可。于是鸠工聚材，建二祠于戟门之左，建亭于文庙之后。诸生睹圣谟之洋洋而知尊尊；瞻俎豆之秩秩而知贤贤，学宫规制悉已渐备矣。然鳄湖在学宫之前，犹未有水以增其胜，太守复以诸生言，白于当路。会监司郑公邦福行部至邑，亲睹形胜，作而叹曰："此诚卫城，便民急务，而亦文运所由关，可独后乎？"亟具以报。制府陈公抚绥百粤，与民休息，而独不靳于是费，慨然给矿饷金二百金，以浚湖之源。贰守邱公一鹏署县，奉令惟谨，不两月而工竣。天池银汉之水，自古散出三溪五沥者，今俱绕城而合流于学宫之前，迁学大工自乙酉迄今已阅十岁亭祠告成，始完备而水满。适维其期，机会所值，岂偶然者哉？夫土弊则草木不长，深山大泽实生龙蛇。今庙学面六六奇峰，临三三曲水，鳄湖汪洋，渊静澄澈，盖文明胜地也。诸生藏修游息于庠序，以沐江汉之馀润，溯洙泗之渊源，涵泳圣涯，先登道岸，将不在兹乎？

嗟乎！古之学者惟穷经以致用，今之学者徒缀文以干时，志向已殊，成就自别，岂地脉有利不利哉！今圣朝爱士，慎重始进，盖欲得真才以为国家用，诚旷典也。诸生遭际盛时，宜争自濯磨，以古圣贤为师，使自今而后。吾邑人材之盛，不徒以文艺而以经术，不徒以科甲而以行谊，期趾美于白沙先生，斯于诸大夫师长迁学于古城之意，可无负哉！

兹役也，相其成者，先则司教梁桐、司训黄光；今则司教陈德芳，司训雷体常。董其役者，先则典史陈其贤，巡检林炳苍，大使高官省，祭赖文迪、徭官谢成学；今则典史陈孙，并得书之。[出处：清·彭君谷《（同治）河源县志》卷十四，清同治十三年刻本]

长乐尊经阁记[①]

周公帝文王而云怀德，子贡天夫子而云纵圣。夫二圣同出一天，当时，孠子门人茹意，述词以启后世，非以尊文、孔，尊天之有命也。向天尊之，今云尊之以经，得毋谓经天口乎！但圣无经爻演，只缘表里，使其皆颜、皆曾，则无《论语》、无《孝经》矣。明夷、西伯，陈蔡、旅人，其何尊之与有？然彼崇虎、恒魋之徒，不能抑天之使高，则其尊者自若也，故孔子直任以文在兹焉。盖灵台辟雍之化，百千年驻脉尼山不厌，以绍无斁止善，以衍缉熙不倦。无类以弘遐不作，人第以删述垂宪。《易》配皇书、配帝诗、配王春秋、配霸古今。郡国户佩人诵。尼山光景，圜驻桥门，虽至陵夷之秋，儒术已绌，然孔歌不绝，经艺如线，仍尊鲁壁。时有登堂讲解，冠通天衣，日月尊经，且自夫子矣。

兹长乐迩来黉宇颇圮，朋徒颇众，膏油不甚举，文业不甚融。毛候一至，既政二年，每念及此，未尝不废食雪立，揽笔长叹。乃召形家商之，曰："紫金一山，风气所会，灵淑所钟。惜距隔庙堂，苟迎续其脉理，则尼山之仲也。"适触侯文明之思，怃然曰："仙以名山，龙有灵水，岂士无云雨？"于是，创阁于山之麓，为"尊经"焉。神效地轴之谋，

---

① 长乐县即今五华县，时隶属惠州府。文中有"侯讳元恩，戊子进士，富川人"，则知文并非作于万历三十二年至万历三十八年毛元恩知长乐县令时，而作于毛元恩卒后。此文应在此年前后作。

人乐维新之令，自师长暨薄尉，洎诸弟子员、里塾耆隽，各捐俸捐廪赀。日人筮吉，陶人厚埴，梓人伟材，列柱培石。于旧膴鸠工，越午月落成，高四丈，广四丈，纵修五丈，由人心积兴而顿惬之，以赴勿亟之义，则所为欢欣鼓舞而发愤于侯者也。侯移堂屏，正书"圣经"于阁，树之匾曰"尼山道脉"，四字环碧，八窗玲珑。气接寿邱，文应鸿鹄。天来一水，屋耸于云。栏杆十二垂天角，世界三千满月中。盖屡年之局，一旦傥自矣。多士睹屏与匾，宜深维之，黄润云《大学》一书，六经之名例也。经文堂揭，雍笔无恙。而徒之阁者，实以《大学》最士，欲其对经而知尊也。畴无至善，克尊孔子之止，得不峻帝典而新盘铭，彼蜻蜓蝴蝶皆鸢鱼也。心一干而易吾春矣；一中而书吾夏矣；一兴而诗吾秋矣；一惧而春秋吾冬矣；三千三百大约一敬矣。道无所住，人有真窍，山以人胜，无非尼也。徒星动地，自心旋转，大卜子韦，果与能哉！故火书而尼者，秦矣；挟书而尼者，莽矣。大极一图，即濂者而亦尼矣。河洛非遥，通之脉络。图书已老，谁为去留。故愿士于屏匾之观，而交晶之也。白沙妙道，只在诗句，坐忘碧王，今何世空对青山不著书？即经不经，何论焉？江门亦是东门地，我独何为不种瓜？则尼山、金山之说也。侯悯不知所尊，而泥前日之脉。今幸尊有所托，而疏来日之脉。倘焚膏继晷，高融厥业，则又孔固朗终哉！不佞以邻脉递承，思滋厥后，能不乐为之记？

侯讳元恩①，戊子进士，富川人。谕陈君汝怿，龙泉人。训汪君会东，绩溪人。陈尉升，南昌人。庠生颜喜、颜昌祚、吉永庆。黄榜周正卿、饶景华、何昌胤、卓宏等均首其事，而极力效劳，宜并书之。[出处：清·孙蕙《（康熙）长乐县志》卷八，清康熙二年刻本]

重建泗州塔记

循州当五岭之东，境接海潮，连汀赣，汉之名郡，越之沃野也。其星纪则应牛女；其疆域则宅祝融，位离明；其人文蒙多过许，海滨邹鲁。重以僻奥而阻深，罗浮为衡岳佐命而峙其西北，石㙟诸山峭立其西南，大海环碣石而拥郡之上流。天运地灵，于斯征应，庶几哉东南一都会乎！诗书弦诵，闻于比屋，阗极而宣，此其会也。乃今仕者接袣于宦途，台衡相望于交戟，太保、文懿之业次第积薪。顾枚卜未即协梦，庭唱未即胪传，有待而兴，是在今日。

前是，章贡温公，讳国奇，以司理至郡。下车，肺石无冤。署府篆，即孳孳务奉天时、缮地理，以兴文事。相与搜未坠、饬未周。郡西旧有湖堤，岁久为水所啮，堤且圮，公捐俸增筑

① 毛元恩，富川县人，以举人万历三十二年（1604 年）知（长乐）县，在任 6 年。据孙蕙《（康熙）长乐县志》卷之三（清康熙二年刻本）载："至今邑有烦言前令修志未竣去，恩适踵其事，聿成厥美，亦有功邑乘者。秩满，升马龙州知州。"

以便民。复登眺审视，进诸乡绅父老及缝掖子弟而曰："天有分星，地有疆理，山川有形胜，人物有盛衰。补弊救偏，以相天时、协地纪，守土者宁得辞其责？兹泗洲之塔，旧为巨镇，何以废为亭，亭又复废？今其固址岿然在也。守土而有利于士民，不惮谋始，矧兹求旧理何让焉。"幸而漳南王公，讳命璇，以直指按部惠阳，慨斯文之未振，皆山川之缺陷。因与温公相语，大悦曰："有是哉！旧址犹在，建复浮屠，穹隆直起，文笔插天，宁患科名不济济哉！"王公慨然捐金三百，度费鸠工。始事于万历己未腊月，广其武若干，峻其级若干，百凡余资，除义助外，皆温公自任之。属致仕千户李启阳专力督率，不烦民间一粟。一役而郡西之浮屠，若骏骎迫霄汉已。会温公方以异等征入，拜为柱下史。而章贡金公，讳汝和，复以明刑至，乃董厥成。前后经几载，费复不赀，语曰："非常之役，黎民滋惧。及臻厥成，天下晏如也。"

是役也，非温公莫创其始，非王公莫坚其力，非金公莫善其终。嗟夫！创始固难，善终不易。天运于是乎协，地灵于是乎昌，人杰于是乎应。诸公之所以助惠者，岂其微哉！且塔在城西，于位为辛。辛者，新也。考天星则为天乙，贵人之地，催官禄马之方。太阳金象负乙而立，其受在辛，翕受之则为日新；重积而厚发，斯为富有。富有、日新，金德于是乎王矣。革故鼎新，维兹旧址，罗浮佐命，岂尚待时。则枚卜、胪传，其文明浸章浸盛，文懿、太保，安得专美于前乎！

余尝读史，至齐梁魏隋间，见天下波靡于西竺之教，尽发齐民盖藏而靡烂之于浮屠。金碧宇舍，文绣土木，虽凌汉插天，何益于地灵人杰？孰有如二公后先惠阳，加意斯文而善政仁恩，照耀膏泽？指不可再屈者，斯塔特一斑耳。夫惠有丰湖，有白鹤峰与松风亭，以一坡公而美名千载。矧泗洲之塔遗惠千万年，则彼都人士睹塔而颂<u>温公</u>之德以逮<u>金公</u>，宁减<u>文忠</u>之景仰哉！故余不辞而乐为之记。其先后乐举捐助公祖、各邑父母乡绅，则有别纪在。[出处: 清·徐旭旦《（康熙）惠州西湖志》卷三，康熙五十四年刻本]

中顺大夫林凤崖先生传

<u>凤崖先生</u>①盖今之古人。其父夔，以文行蜚于黉，以继母疾，甘辞省试，侍汤药。生六子，而季为<u>凤崖</u>。先生幼颖敏，而十四游胶庠，中嘉靖辛酉乡试，乙丑举进士。初授亳州牧，地当南北冲，皇华使节无日无之。<u>公</u>不忧烦剧，惟畏逢迎，故民安其政，而拂意者亦所时有。已改官左州，左州犬牙安南，民推紛射生，不知文字。<u>公</u>至，化导、劝学、立师，民感其诚，久而渐知，遣子就学。庠序之建、儒官之设，奏得谕旨者，皆嚆矢于<u>公</u>，媲美于<u>泰伯</u>之荆、<u>文翁</u>之蜀，其泽有同。已以荐转严郡丞伯，述职公庙，代无难理。魁

---

① 林凤崖即林然，博罗人，嘉靖四十四年（1565年）进士，累官至铜仁知州，授官中顺大夫。与叶梦熊、李焘均有姻亲。

为虐民，皇皇无宁宇，<u>公</u>流涕步行，膜拜祷庙中，淋漓甘澍，降于一时。民欢呼，吾府君一诚感格，绘图作歌以纪其事。

迁秩郎中，出守铜仁。铜仁近夷，<u>公</u>锐志劝导就学，视铜仁无倦于左州，督课青衿，多士乐趋其教。无何，而苗称大乱，啸聚屠城，盖抚之不得其道，变成于激。又戎师贪功主剿，已反，畏缩不前。<u>公</u>乃慷慨登阵，谕以祸福，令大开城门，遣牌招抚，群夷望之罗拜，生全我众，惟有公耳！背德不祥，愿解甲去，去而匍伏砦中，惟所命之。<u>公</u>单车行入，呼之而前，歃血定盟，弭耳，而归者趾相轧也。卓哉斯举！若夷若夏，赖<u>公</u>以保全，其生者盖莫可计数。两台使以为难，绩闻，得承赐奖金。是役也，人徒见其抚定之易，而不知一腔忠爱所沁人。耻格于有苗者，深躬履其巢；所相告语者，无异家人父子。公所易者，取人所难，非苟而已也。

既丁外艰，服阕，又以赴部，文移遣错，左调滁阳。<u>公</u>意不欲行，适<u>许颍阳</u>先生当国，念<u>公</u>同籍友，偕诸缙绅留止，劝驾入滁。琅琊为<u>醉翁</u>旧迹，泉甘土肥，亦吏隐者所贪。<u>公</u>至，而登丰乐之亭，读<u>六一居士</u>文，辄洒然有当于心。遐迩景仰，士民交相庆，得长者为父母师，邦之幸也。莅任一载，以百岁慈闻，觐省自免。士民匍伏，挽车解靴，勒石依依，仁人之失，泣不忍释，而有甘棠之思焉。

<u>公</u>归日，侍<u>太宜人</u>，问寝视膳如少小时。课群弟子学

业，日以为常，所自奉如未官时。至悦亲戚情话，则蒸蒸然若五柳先生。解纷息争，不问疏戚，断以公言，言出为模，遵奉者众。填莆桃湖作一室，名曰"莆桃书馆"，命子姓咿唔其中。诸童冠自外来者，听困乏当前，无不悉力相周，于学者尤加意资恤。岁祲，命家人减食饘糜，助诸富室及诸士大夫赈济邑子。大夫感其诚，亦同有捐助。公独诣积粟家，劝其平价而粜，以活饥人。人有冤抑不能自伸者，公阴为分析故事，解人多有不知，盖直道久已为上所信从，公则不求知于人。每念范文正作相而置义田，其族有所藉。吾梅村之族，生齿日繁，官卑禄薄，归而无力，以币田分耕，袖手相视若秦越人，非其心也。遂编行原隰，谓：是抛荒田地，开垦无人，鞠为茂草。使人有遗力，地有遗利，公私交病，非计之得。始出告承佃升科，率族众开垦。曾未数岁而荒地渐成腴田，窶者强半而称上农。

善学文正者，公也。其圆通不滞有如此者，故于左州则教之默、示其天；于铜仁则化之立、消其顽。不专意于抚而俯首以听吾抚者，若牛羊之降阿饮池，大功乃出一儒生，贤将帅以为难。公退然无所尸，聚族垦荒，若以其意行之屯田，又岂难于扩京边储、摹仿井田？惜其质直乐善，未大展其用，而官止于斯。后多象贤，当有兴者。吾姻友男兆叶公以同籍友铭其墓，况余与公生同郡、谊同姻，传公，则余尚何敢辞？公操履甚严，肝胆最真，昭昭在人耳目中，将久而逾芳。诸所保厘全活，盖夷、夏两受其赐。大门之报，吾知其不爽，夫于公传，或庶几左券云。

赐进士第，阶授通奉大夫，都察院右副都御史，奉敕巡抚云南兼建昌、毕节、东川等处地方，赞理军务兼督川贵兵饷，年姻弟李焘顿首撰。〔出处：《李氏开先祠族谱》，民国十七年第九次重修本〕

大保叶龙塘先生①诗集序

君子之学，或施之事业，或著之品谊，或见之文章词赋，皆通，儒也。所谓德也、言也、功也。古来建事业者，未必瑜于品谊；竖品谊者，未必善为文章词赋。如刘柳无见于事业，姚宋不见于文章，退之不见于词赋。杨雄之美莽，马融之谄窦，武王肃事魏，许衡事元，皆不见于品谊。即备美如龟山，犹以应蔡京之命而多所议论，况其下者乎！

余尝上下古籍，每叹三者之难兼，惟叶男兆先生则擅三者而兼长之。先生于余同梓，复同上司马赋，而且为儿女之姻，知先生者莫余为最。庄诚旷达，固其天授。而复恢宏慷慨，有巍然卓绝之器。甫六岁，从城上游，适烈风雷震，摄之城下而神色自若，客有以浑身是胆谑之先生，曰："丈夫威武不屈，异日干城兼寄，从万丛炮中统师破虏为之，奈何？"幼从乃叔民部公出郊，见骷髅而瘗之，群儿惊且

---

① 叶龙塘：即叶梦熊，字男兆，号龙塘，又号龙潭、华云。

叱，先生曰："吾俩人他日得志，泽何止及此。"所遇长老，即奇其品谊，已知其为德、言、功所并擅之人矣。

辛酉，以壁经魁全粤，己丑举进士，由福清授夕史。会俺称款，先生以抗疏谪丞合阳，复民部郎。出守虔州，而黄乡巨寇皆先生设伏就擒，以靖此一方。嗣是累首廉能，《疏》车战火攻，再蒙嘉赏，藏其书于大内。嗣是斩大茴，嗣是灭哱拜。贻朝廷以来冀之安世与隆典，是岂学士家所易见之事业耶？而且谦卑自牧，所有捷音，必让诸同事。上马则挥戈戟，下马则草露布。即兵刃喧嚷，而行吟自若。所至名山大川，风晨月夕，辄拈韵成吟，汇为诗若干首，一时朝野名公莫不争而诵之。所谓德也，言也，功也，兼而有之者也。其事业，则自有竹帛寿之、麟阁图之；其品谊，则自有野乘志之、国史传之；其四镇诸疏，则已有关西之武库镌之。繄是扬历所咏，赜不胜纪，往往流散于人间。幸先生之子若孙犹能珍藏，迄今数十余年，克汇编次定，以授之梓。其子若孙，可谓能世其家者也。先生别我去久矣，犹得于语言歌咏间而晤，对之喜何如哉、喜何如哉！

时皇明天启壬戌二年菊月，姻弟李焘斗野居士题于泷门之山房。［出处：《李氏开先祠族谱》，民国十七年第九次重修本］

中丞公陳夫人遺像

授斗野公雲南巡撫詔 萬曆四十七年二月廿六日

皇帝敕諭右副都御史李熲今特命爾巡撫雲南兼建章
畢節等處管理軍務總餉提督屯田并預備倉糧撫
安民夷禁防盜賊操練官軍修理城池釐飭倉糧所
生發卽會同總兵官量調軍設法撫捕毋令滋蔓所
賊文武衙門官員有怠玩曠職貪酷害民者爾體得實輕
則量情勤罰重則舉問加律應奏
諸者參處治核覆該省巡按官題稱東川土司曰
尊干戈自恃隔遠無復彈壓大肆跳梁越境侵害今特命
爾兼制鈐束一如四川撫臣行事若夷酋悔禍守常畏威
則順宜捐小過與之相安如其攻剿不休怙終罔悛爾
竟自調兵剿除該地方用兵爾宜兼督川貴兵餉凡徵調
兵馬擺撥處錢糧各撫會議施行二省司道俱
聽制其二省刑名等項事情不得干涉仍禁約連接交
趾等處地界官吏軍民不得私通商旅往來敢違犯者尤
不許鑄銃黃焰硝等物驅夷境如加意狥循使人民
律重柵究治各處夷賊殘破地方爾須加意撫置
安輯其諸凡利病敕內該載未盡者俱許爾從長會議停常而行
其軍機重務須持廉秉公正己率下圖副委任毋玩愒廢職
爲重臣須和衷同心協從以便處置
及處置乖戾貽患地方自取罪譴爾其勉之慎之故諭

《李氏开先祠族谱》载万历四十七年二月廿六日皇帝敕授素公云南巡抚诏。

雷以亮弈致序

余于百家众技泊然无所好，惟手谈韵事，遇兴致陡发，间一为之，不尔数数也。由弗专注意，遂弗深诣其精微。迩年来，从滇中乞归泷门，结数椽水石之上，与山樵田父较雨商晴，即柈楸诗筒，久且不忆为何物。适闽中雷以亮访余山中，出《弈致》一书求序。余素闻其有能名，因以法叩之，以亮逡巡避席逊谢："幼蒙师授，习久而然，化境遥遥，敢云能悟？所谓'致'者，期欲求致乎知，望先生教之。"于是，留款浃旬，得卒业焉。

顾"致"之一字，顾名思义，非善为主弈者未易形容，《阴符经》曰："用志不纷，乃凝于神"。子舆氏之致志，专心用而不纷之谓也，自非应酬闲暇，恐未得乎先发制人、后发先人之妙。一受范围，则触敌机彀，而出为难。惟致人不致于人，与吴子地力事机，宣可借之以行乎！弈轻、交、重、争、伏，虽不废技击，而节制甚严。至正正堂堂，则汤武仁义之兵，有敌无战，诡敌当之，自失其奇。曰轻、曰交、曰重，争与伏，徒有安排布置之劳。彼且独任自然，以逸待之，行乎其所不得不行；止乎其所不得不止。弈机兼与诗文二机通，非深晰致义于微者，莫阐兹矣，"致"岂可易言乎哉？

抑愚因论弈而感触辽事之纷纭也。攻守机策，堕边事若溃痈，病蔓于腹。"侵"之一字，彼已显施，我未由以行其报。大衅之后，民靡固心，伏且为难，争于何所？外镇沦胥而重为彼据，茫茫汉界，四顾犬羊，关门以外，就是轻交。借弈论兵，即以亮侵边妙策，似难运措。故今欲战先安内，善守者，敌不知所攻。要自先其腹，渐次而固于边。见可进，毋轻侵入，毋恃不侵，恃在有以遏其侵。窃谓以亮诸说，诚弈家韬铃，推广以论然于边，差可强名，盘中井地耳。

总是"致"之一字，于学为致道，于兵为致人，于弈为致志，志无所不至。以亮能医，而医以弈掩；能诗，而又以医掩。说者谓长庚诗掩其文，逸少字掩其学，季伦富掩其贵。愚独谓石尉奢豪淫虐，富、贵并掩，于品格之不臧。若邹人纥之德，掩力神勇，且以名行而弗彰。以亮为医，好行其德，韵语方进，于百尺竿头致极其程诣，则三不掩，而各相为成。余有以观其致于他日。

时皇明天启二年壬戌秋日致仕古祯州斗野李焘撰。〔出处：《李氏开先祠族谱》，民国十七年第九次重修本〕

李氏开先祠族谱

中華民國二十六年丁丑仲秋月重修

河源鍾義賢印務局承刊

《李氏开先祠族谱》

海丰修理儒学记

余通籍后司理温陵，去今盖十①余年所云。随诸部使者下上观七闽之风，履其郊圻，入其都邑，朝其泽宫，见其髦士官司莪莪如也，又靡不翌翌炳炳如也。故岩海郡十邑，巷布星列，惟南丰独负山而襟带巨溟，又为十邑中一岩。

海邑灵秀所钟，孕银瓶、莲华诸胜，恒多质异有文，前后良司牧相风厉者功亦不诬。郡大夫章贡金公来理吾郡，本惠人之心，以行君子之政。星车所经，春晖蔼然，若弗胫而驰。岭以南，荐剡恒交，逊侯白眉也。昔摄海丰，一意与民休息，筹饷筹兵，著借醪投，多乐宽而惮其严，一时壁垒旌旗为之生色。然所嘉意在士，士争孔迹父而皋比良传。既谒学宫，瞻望迟回，步于廊庑祠宇间，前诸官师弟子而诏之曰："是尚可以舒徐乎哉！'大成'之堂构完美，弗循夫始初，曷克示尊崇？'名宦'、'乡贤'祠之。政以报功德、式仪型，此而不修，后且难乎。其为继者，吾安敢以摄令委乎！兵兴劳费，日之南岁苦征输，吾其忍欲烦之民？"遂捐己俸金，鸠工聚材，进诸轮人、梓人、巧人、涂人，一一而命之，曰："奋而功作，饩等视民，期于壮丽，其巍乎。"诸佣事肯，弗督子来。经始于天启四年十二月，报竣于次年三月。邑博士梁君萼华、林君一材、王君建康，特命诸逢掖施生崇、吴生昌遇、陈生箕吉、张生大受、吕生邦瀚等，具书币，巾车孤舟，远征余《记》于山中，劳矣！

① 应为"五十"，疑脱一"五"字。

余玺其意，感侯之德政能先其大。而忆昔之观风于闽者，所至有良司牧，则有学宫。盖菁莪棫朴之地，璋珪俎豆寄重于斯，不可不肃也。当赵宋时，陆丞相赞日手书《大学》劝讲；文信国之成仁取义，千秋正气浩然，充塞五坡甲子，祠庙长存。吾固知侯之因修学宫兼缮祠宇者，欲以大圣贤、大豪杰文章气节，养成于素望之人也。尚志以兴庶，其率侯之教乎。

二三子咸起再拜曰：是所志也，愿先生文之《记》中，以为后学嚆矢云。侯讳汝和，别号岱舆，江西赣县人。［出处：《（乾隆）海丰县志》卷九，清乾隆十五年刻本］

中國方志叢書・第十號

省東廣

海豐縣志

（全）

據清・于卜熊纂修
清乾隆十五年刊本影印

成文出版社印行

《海丰县志》

题职方司《大明会典》

内外大小衙门，俱有颁行《大明会典》，而贮之不谨，多不能存本部。一部贮武库司，各司考阅弗便，而亦有缺简。因为特置此部，装为二十八册，贮之本司。呜呼！我朝之有会典，犹周家之有《周礼》，盖为政者所不可一日缺贮之，其容不谨乎？

万历三年十二月望日（公元 1576 年 1 月 15 日），南京兵部职方司郎中骆问礼、李焘识。［出处：明·骆问礼《万一楼集》卷四十，清嘉庆活字本］

《安仁县志》有载道臣覆函

据衡州府申称，该奉府知府李焘："看得该县先年土旷民稀，故以有余之田，付之该卫军人，与该县毫无相属，非若他县以屯田养军而资其力以守城者比也。近来民稍生聚，民田不足，有典种军田者，其开垦者，皆民之力也，岂容复与军耶？据该县所申：境内屯田，除足原额并前升科外余田，军人开垦者，升加子粒以足军食；民人典种军田开垦者，令纳民粮。毕宽民力，议甚公平，军民两利，两应如议"等因，申详到道。［出处：清·张景垣修、张鹏纂《（同治）安仁县志》卷之五，清同治八年刻本］

李氏开先祠族谱序

昔欧阳修表先世之墓作谱系，以纪世代之勋，古今莫不叹为善美，以其克彰祖德宗功。焘虽不及卢陵，然语云："三世无谱不孝。"吾幼遵父训，侍尊严于左右，尝谕吾兄弟曰："汝祖少失怙恃，赖高祖妣陆大母携公迁县，邻于潘氏，得夫人以为之配，嗣开五桂，大振儒业。虽由高祖绿筠公、曾祖筠轩公世德所贻，实原诰赠祖景星公积功累仁，迁县居所始也。"吾奉先君平崖公命，次述太父、太母行状，又得洛文何尚书之传赞，贞复杨少宰之墓表、墓铭，亦可不朽而第。子姓绵绵，孙支蕃衍，世经七帝，代历云礽，分族而居，不可纪极。吾自万历戊子集族谊于归、博、河三邑，重修始祖河迳公墓，仍集议作谱，自唐、宋历祖宗支世系，各汇编成各县支派，皆同一本。吾今日作谱之责重矣，敢曰待后人乎？况尝典载于斯，书田载于斯，国课、坟墓以暨规训、科条，莫不载于斯。故家之不可无谱，与邑之不可无乘，国之不可无史一也。而或者曰：作谱宜于亚九郎；不，则宜于洪保祖；又不，则宜于绿筠公。然亚九郎乃吾三县祖，在昔，家君已与归、博公族革合以谱其宗。至洪保祖，乃与上房同支，实与三县之祖未远，即绿筠公系吾本支之祖，而已立报本祠以专祀。作谱者俱与先世序次其宗枝，则今日之尊敬诰赠祖，盖本制祠"有开必先"之义也。焘今八十有一矣，居官五十二，历任一十四，于万历四十七年己未岁，因念年耄，由滇归养泷门。距登贤书之期，至今岁又得重邀鹿宴，此虽国事已谢，而偷日月之闲，聚天伦之乐，尚可作谱，以序宗功、明世次。吾诰赠祖昔遭危险，至今日不得不发明于后世矣。爰是集兄弟侄群分汇聚，因流溯源，抄录成篇，分为数卷，自季春经始，以迄孟秋告成。缘乘国恩，重逢鹿宴之歌，偕诸子姓下羊城，而授之梓。

时明天启四年岁次甲子孟秋吉日，孙焘敬撰，盥手拜书于天定堂。[出处：《李氏开先祠族谱》，民国十七年第九次重修本]

《李氏开先祠族谱》七代祖考祖妣牌位

寿家半塘六十一序

半塘宗人世居槎邑，比其先人以力农起家，宅于乡名三角。而三角者，乃循、虔二州之通衢也。余辄之宦邸，道经半塘之庐，始得登榻共谈时事，雅量高致，有古人风。今载，余由郎署出知衡郡，便道归省，有姻友廖君樵逑偕宗庠生资元辈具曰："岁十一月朔后七日，半塘李君诞辰，实跻耆年又一矣，束帛微言以寿。"余曰："诸君子知余不文，而顾有是请者，得毋以余内之母产于其家，有不可辞耶。"佥曰："先生言诚然矣，第楚行式遄，愿预锡一言，以华座右。"余曰："诸君子知半塘君之寿，亦知半塘君之致是寿乎？"

半塘君曩事椿萱，尤勤定省，斑衣日娱，膝下承欢，其所以顺父母者如此。友笃昆弟，爱钟犹子，悉本衷曲，凡百家事经由掌握而毫无所私，其所以宜家人者如此。德协舆情，邑令推为乡长，君卒能奉公守法，化顽睦悍，日劝比阊族党务农输税。适丁丑峒云扰，君又罗集社姓筑室为镇，故嘉隆间而三角无一叛民，皆君善诱之力，其所以处乡人者又如此。且饬躬励行，不敢玩公宪，茹粝衣垢，不致负公输。缙绅大夫有道经其庐左者，君无论知遇与否，亦必躬亲迎送，馈饷不遗，凡君之令德，彰彰者然。天佑厥德，既永其年，更锡以健利肆。今虽跻耆域，而苍鬓童颜，步履矍铄，无异少壮时。则兹寿也而且臧矣，岂苏先正所谓"已醉备五福，必有所以致之者"欤？矧君仲弟精练，孙曹森列，得以却尘鞅、乐林壑，宠辱不惊，开罇引酌，则天年之颐养，由古稀而耄耋者，可必者也。当今圣天子右老之恩，郡邑侯惠养之泽，覃敷穷谷。而山林逸叟，行将荷恩光而厕衣冠之荣矣。猗欤休哉！猗欤休哉！诸君子以为然？遂届期而登诸轴。

时皇明万历八年庚辰冬，赐进士中顺大夫知湖广衡州前南京工部郎中宗弟斗野焘撰。［出处:《李氏开先祠族谱》，民国十七年第九次重修本］

寿司教泰云曾公暨配叶孺人八十有一寿序

国家养士于学宫，而取士于科目，自汉以来，什用诸科。至我朝专取诸乡科、甲科与贡三途，而皆由儒学出，则人材所关于学宫者最巨矣。夫天欲振起一邑之人才，必先笃生纯德邃养之士，畀以寿考安宁之福，使之出而程士，处而视民，咸足以端轨物、表模范，而后多士蒸蒸争自濯磨，以期无负先达至意。此文风所以隆盛，而治效亦于此征焉，岂非其至重者哉？

吾邑泰翁，博洽明敏。余自与北面于叶祯州先生，一时及门若潘忠州、潘阮江、唐司教，皆退让焉，以为不敢望公。公亦自负，谓取一第如拾芥，而岂意仅资贡于泽宫？众皆称屈，公独怡然，归之于数。此其卓识雅量，岂恋功名者所能仰窥其涯矣耶？孺人未字，以质行闻于同里，既与公唱随，举案齐眉，曾无骄慢之气见于颜色。所谓天作之合者非耶！兹季春十九日，为公悬弧之辰，而孺人设帨已去岁八月廿四日，皆八十有一，称双寿焉。于是，潘阮江率诸戚属谋为所以致诵祷，嘱余修酌者之词。

余自惟隐居泷门，六七年来，日与渔樵为伍，笔札荒废久矣。纵勉强操觚，不能揄扬万一，诸公将以何者寿公与孺人？于是，以精神称公者曰："公宦归迄今，朝夕书史不休，冬夜不缀。而孺人左右周旋，靡有眊瞆。似此精神，百龄不啻也。是宜寿。"又以福祉称者曰："伯氏省吾翁先生，以明经起家。公继省吾翁芳躅，廷试崛起，而司教会、宁，规条整肃，二邑诸生奉教惟谨，以为苏湖再见。孺人修内政，数载如一日。未几，偕孺人解绶东归，陶陶自适，留不尽之福以遗后昆。今子孙满前，森森兰桂，后禄盖未艾也。是宜寿。"又以德谊称者曰："公笃宗盟、敦手足，自始祖以及兄弟，皆置祠田以供蒸尝，永血食且坚友谊。如杨姓以孤托公，卒能维持调护，始终如一。宦游二邑，公仗大义，一介不取。孺人缟衣，荆钗不改其旧。其节操清霜又如此，是宜寿。"余应之曰：此三者，皆公、孺人寿征也，非所以寿也，公与孺人所以寿者在天。盖吾邑形胜，桂山玉嶂列屏于后，三台奇峰特耸于前。丰江自辛，俨如腰带；循江自艮，九曲朝堂。盖自天地开辟以来一定而不易者，顾官民家多拘南向，不顾垣局不知几万载矣！迩者，徐明府莅政以来始辨方位，县治与学宫体制一新，山水盘桓，风气完固。故上梁之初，云呈五色；落成之后，潮涌醴泉。地灵之应，捷如影响。公之阳居在旧城东北两门之间，适如县治、学宫同艮向，公不知也，孺人亦不知也。是谁使之然哉？天也！而公与孺人德谊足以承之，福祉足以享之，精神足以通之。伴奂优游，康固长久。其得动静之宜，会山水之趣，立仁知之极，而受乐寿之效者哉！从此而耄、而期颐，皆公与孺人所宜受之于天者，非幸也。诸戚属同声曰："善！"遂书之，以为双寿庆。〔出处：《李氏开先祠族谱》，民国十七年第九次重修本〕

赠公暨祖妣行实

大父讳珧、号景星。吾宗出博罗，其徙居河源之曾田，自义先祖子洪保祖始。洪保祖生富祖，富祖性清逸慷慨，好植竹，结一轩以自适，额曰"绿筠"。配陆孺人，孺人和怡惠慎，有樛木风。富祖生必荣祖，是为大父之显考，仁孝醇雅，自号"筠轩"，志思亲也。妣叶孺人，蓝口名家女。弘治己酉十二月廿二日，生大父于曾田之银塘里，大父生而颖异秀朗。及稍长，不与群儿戏。未几，考妣俱早丧，兄梦琪亦夭殁，祖母陆孺人抚育之。富是时，自高曾而后两代皆一人，胤嗣不绝若缀旒。族人贪产者，谋欲绝之。一日，陆孺人携大父过族人家留饭，陆体厚重，坐他家椅必折，两苍头自备以随，其一偶倦，卧厨下乱草中，族人未之知也，密戒其侍者："酒两壶，一斟我，一斟二舍，勿错。"苍头卧草中者闻之，泣而大呼，曰："二舍且勿饮。"急述所闻。陆取酒浇饭，饲鸡鸡毙，饲犬犬毙。即携大父出，亦不还家，直走江干买舟之，城中卜居谨避之。邻于潘氏，见大母年幼而举动端庄，遂纳采及成婚。大父与大母俱仅十四，夫妻相对如宾，家人未见其戏言。

大父往曾田，舟还至中途，有某客者，乘江水泛涨，密约海寇陈天叙等十余人，劫大父过船去。海上放言曰："赎李某者，速以千金送至某所，不则鱼肉矣。"为塞耳朦眼之具，以苦大父。大父曰："千金易办耳！公等独不闻吾孤耶？我族人正欲绝我，闻我苦，幸我旦夕死耳，千金无来期矣。"寇然大父言，遂以好待大父，久且与大父弈。两月余，有一家童寻至海滨，望见大父，且呼且泣。时寇相对弈，大父从旁点着，佯谓家童曰："吾与诸君相处欢甚，而何泣耶？"仍看弈如初。寇促大父，始出船头问之。先是大母闻变，驰使告惠州卫。石千户带军伴三十人，到鱼腥澜各店中，望见吾出，即齐捕之矣。还船仓，告寇曰："办金仅五百，并钱五百贯。到鱼腥澜，吾想银易交，独钱多恐露，明辰移船就之，吾因治鱼脍以谢诸公，何如？"寇曰："诺。"次早，如言往，治鱼脍饮之。初拘大父甚谨，酒半稍懈，大父乘间趋出，备房店军伴齐捕，地方协力尽获之，送海道宪使陆公。是日大雨，陆公重责海寇，丹墀水为之赤。大父恻然，曰："此辈不过利吾财耳，犹未害命也。"乞宥之。陆公曰："尔仁厚人也，他日后必昌，顾吾自有法耳，乌可贷也。"大父请以金若钱，悉赏捕者。

大父简静，有远虑，置一榻于厅事之北，日偃仰其中，每思及孤弱，辄唏嘘长叹。一日，忽有人到厅前问曰："景星在家否？"时大父闻其声忙急，疑有奸谋，第令苍头应曰：

"外出矣。"其人来意稍拂，瞧诟良多乃出，将老疾危笃之人扶至厅中，击破椅棹而去。大父急潜出，白之县，县公立取病人审之，乃异县军籍棍徒，先因其姓同，欲牵累大父。解军而不能得，故将是人来，冀得一见，即索斗殴，可诬人命，以快私怨，幸而不见。又有郑尹，发其奸，计不得行。

邻人陈懿宁嗜酒忘金，大父拾得，令家人廷珊藏之，待其酒醒而觉，呼天号泣，求之不得。大父切责，以嗜酒自取，奈何怨天？今宜改过。令廷珊取出，原封还之。懿宁谢曰："封内百四十金，愿以半为公寿。"大父笑曰："乃不利全封，而利其半耶？"懿宁又曰："公既义不受，请以数金谢从者。"廷珊亦坚却，廷珊须长，呼为长须。皆嗟叹曰："非特主好义也！即长须亦谁得似云。"

百户张镗者，先以舍人贫甚，不能袭职，几废矣。仅有屋一区，自立券当数十金为入京费。大父还其券而助之金，卒袭祖职以还。

大父以城中居湫隘，初欲卜筑古城东面长塘之胜，继以大荒圹，不果。客有以近市地售者，大父曰："市中所见，无非可玩可嗜之物，吾惧子孙见异物而迁也。"于是，家居湖背。其后六十余年，古城以形胜无水患，修复县治迁焉。他姓市居者，子孙稍习为侈靡，皆如大父所料云。

大父性至孝，念考妣早逝，哀慕不忘。初，祖及考妣葬曾田，地皆不吉，大父卜地黄沙改葬，并以其兄梦琪祔焉。及大父病笃，遗命曰："葬我于黄沙，我不忍以既死而离父母也。"不及他事，遂瞑，春秋仅四十，盖嘉靖戊子九月廿九日也。先伯谓："一山既葬三穴，似难再祔。"别求他地，三年，卜不得吉。会有精堪舆者，至黄沙祖茔，讶曰："此旁尚有一穴，得非天留耶？"先伯因述大父临终之言。遂开圹，得五色土，中间以黄土尺许，左右深广如双圹然。呜呼！此非孝感乎？

大父既殁，先伯始冠，爱客敬贤，轻财好施。西邻马大守公子繁华富贵，先伯与之游。时家大夫与诸叔季俱少未受室，然大母虑先伯习于奢，命之曰："学孔，汝知亲贤诚善，顾惟俭可以持家，先人遗业，汝以一人摄之，故用有余，独不念汝诸弟乎？五分之，汝得其一，庶知入有限，用可节，邻家贵公子汝安可望耶？"先伯曰："唯命。"自是务为恭俭，所与游者，皆一时贤豪，大母之教也。自先伯及季父，长幼不齐，人各一师，大母优待之，各尽其礼。而先后游庠者，皆有声，诸孙亦继儒业。燾少颇有贵征，最爱幸。嘉靖甲子，试于督学使者，仅列二等，以前考优偶得廪。时家大夫以岁荐入大学，大母召燾跪庭下，谕曰："汝毋以补廪为幸者，居此而补，汝父在家，能免责乎？亟宜勉之。"燾敬诺。是秋，燾领乡书，报者至，亲朋欲击鼓为乐。大母曰："孺子偶尔侥幸，吾惟惧其少年意满为父兄忧，安敢勤父兄动鼓乐？"及家大夫思大母年高，就教不候选。归养，暇则诲督诸子弟。大母时时烹鲜击肥以劳勤者，子孙日骎骎向学。

其后，族人子孙产破，大母示子若孙善视之。老妪私问曰："先年毒毙鸡犬者，得非其祖父乎？"大母曰："勿问也，非藉先世余荫，何以有今日？奈何犹记村夫小见耶！且速先君子入城，长子孙、习儒业，未必非天也！"子孙体大母意，待族人愈厚，即其子孙亦不知其祖父先有毒谋。

初，大母因大父少孤，为置侧室，以广胤嗣，无宠，又拙于算。大父诘责曰："此岂足家理者耶？"大母曰："妇人女子不慧，固宜安足深责。"大父意解，自是古有宠。生一女，适廖，早寡。大母视之如己出，为其贫，视所待女儿之意，以江背坑田五十亩赡之。平居善抚循，与人有恩，即童仆有犯者，特婉词诲之，不加怒色。而督诲子孙甚严，人以为有士行云。

隆庆丁卯九月，遇大父忌辰，既祭。是夜，梦大父迎之，次早呼父，语曰："学颜，吾既廿余年不复梦见尔父，夜忽有是梦，汝母其归乎。"勉自砥砺，勤教子孙，毋忘汝父之志。于是，以服饰悉与廖，曰："彼婺而贫，宜独得也。"越五日，为十月初四，不病而逝。距其生于弘治己酉十一月十八日，享年七十九。

明年为戊辰，焘举进士，又廿一年为万历戊子，焘以运使考三年满，得循例赠大父为中大夫、长芦都运使，大母赠为淑人。

呜呼！吾祖有潜德，焘不能大有所树立以显扬幽光，而仅以散吏邀朝廷厚恩，实有余愧。独先世孝弟力田，自大父始好学，课子读书甚严，日令就外傅，夜则亲督诵习，列灯东西各面，中置果饼、荆条，书声明朗者食以果饼，不则以荆条从后击之，五日一抽背诵。故家大夫弃去举子业二三十年，每听子弟读经传注，稍差者辄正之，背诵如流，一字不爽，语焘曰："此经汝祖背诵也。"焘虽至愚不肖，而家大夫遵大父家法严教，竟忝一命，窃禄二十余年，幸免罪，非祖父之遗，何以得此？

大父寿仅四旬，然今荣膺诰命，亦可以不朽矣！男五人，长学孔，庠生，娶陈氏，继邢氏。次即家大夫，岁贡生，初封奉直大夫，南京工部署郎中事员外，今加封官与大父同。家母马氏，初封宜人，今加封与大母同。次学曾，例贡，娶江氏。次学思，韶州府学训导，娶邹氏，继陈氏。次学孟，庠生，娶古氏。女三，长适庠生江锁。次即庶出者，适廖希贤。次适庠生刘宽。孙二十五人：勋，烈，照，杰，蒸，焘，熟，樵，然，熊，庶，点，鱼，燕，廉，兼，㧪，党，怵，羔，仝，鸾，凤，鹰，醮。中备弟子员八人，焘为第六孙。曾孙三十二人：树采，树仪，树范，树芳，树桢，树艺，树声，树东，树观，树楠，树畅，树大，树实，树瀛，树谨，树华，树栋，树相，树陵，树康，树敏，树国，树灏，树玉，树培，树贤，树秾，树成，树功，树恩，树登，树度。皆知学。中备弟子员者五人，余尚少，元孙佐等十余人，大父、大母既荷恩纶，家大夫命焘次行实，缴惠作者焘，述其略如此。

万历十六年戊子三月吉旦，孙焘顿首谨状。[出处：《李氏开先祠族谱》，民国十七年第九次重修本]

法贞公墓表

余叨国恩，诰赠先代，旋里拜祖茔，邀陈思湖饮。思湖在先祖茔向上指曰："此吾先曾王父墓也。"其来有自，乞依谱作墓表，以纪颠末。

余按谱：公讳法贞，号千一郎，乃发广公冢子也。质聪睿、性宽宏，自少能读父书，与雁行敦孝友，常以振箕裘相期望。及长，偕二弟随父由江西至粤东，见东莞可蔚人文，属季弟法斌居此开基。见博罗可兴名业，属仲弟法兴居此开基。母氏严，终于博罗，葬于邑内崩塘阙。公以东莞、博罗相接壤，嘱二弟必岁上冢修祀事。公独随父至河源曾田上村莲塘寨，美其渊停岳峙，有清淑气，卜筑居焉。与吾先祖比邻，谊甚洽。公日行善积功，为裕后昆根本。德配涂太君，悠闲贞静，嫔归后，一切阃中事，皆能赞公不及。一日，有堪舆师踵门，见公曰："吾见有二吉壤，一振大族，一催大贵，任君择取，当明为指点。"公曰："大贵地当让李君葬之。吾入粤至此，本求大族类，得繁衍千万人丁可矣！"师因点出宵子岭一穴，谓可发千口锅。后公仝太君葬于此，与吾先祖墓相对峙，并隆千古。

授通奉大夫、巡抚云南都察院右副都御史、年家晚生李煮顿首撰。[出处：河源上管《始祖发广公传陈氏家乘》]

（三世祖）榕三公行状

陈氏，颍川郡世家也。思湖少与余交，甚相得。及长，以王父谱示余，求作行状。余按谱：公讳榕，字根三，别号榕三郎。性刚方，才卓荦，所谋画皆具大经济。正德间，由曾田上村莲塘寨，迁居上管（古名天禄乡）柯树岗青金树下（今名大老屋），开基启宇。曩时祖父带来普庵祖师，安祀于此，敬所尊也。晚复买下林、黄姓湖背宅场，建造祠堂，另鱼塘三，茜塘一。续置田产六百八十余亩，宅场十九，鱼塘二十。隶籍槎江，立户世昌，创绪垂后。公烈甚伟，又认有义男陈积贵为五子，更其名曰敬善，以柯树下田寮与他居住，婚娶配合。公临终授曰："此子虽属义男，他奉我甚谨，异日拜扫先茔，可颁胙与他，俾世享吾惠，尔曹志之，毋替遗令。"元配黄太君，治内多才，逮下有樛木风。副配周太君，佐中馈，悉遵内则。再副配冯太君，柔顺庄持慈，助公承创有功。生四子，分居上管四境，各成业发名，振族类。

赐进士出身、诰授通奉大夫、巡抚云南都察院右副都御史、年愚兄又侄李焘顿首撰。〔出处：河源上管《始祖发广公传陈氏家乘》〕

（四世祖）敬修公墓志铭

陈公万二郎，乃乡宾思湖皇考也。思湖生与余同花甲，成莫逆交，因得悉公行状。一日，思湖请曰："先君背吾辈既久，初葬未善，终迁葬于枫林凹山，坐坤兼申，乞作墓铭，以光泉壤。余以谊属年伯，何敢以不文辞？"

按：公讳敬修，字据德，别号万二郎。秉质醇敏，才干谋画，卓异庸常。生平敦天显、崇儒学。通晓青鸟业，卜吉窆以葬生母，未尝派及昆弟。所训勉子姓，悉以奸盗、诈伪、嫖赌为戒。年三十余，复由湖背迁居黄龙岗枫林凹，建造‘延庆堂’宗祠屋宇，又建立榕树下书室，延师课子。复创买松园下围场，上承父绪一百五十余亩，枫林凹宅场四，鱼塘五。自续置田产二百一十余亩，宅场十五，鱼塘十三，立户再生（后更名必发）。又遗立山场、麻子石、马鞍石、柯树岭、水湏子等处。内载龚英、龚翥、龚仕三户，实征粮米完纳（后拨入必发户）。

公享年四十有二，卒于嘉靖癸丑重阳后一日。德配叶太君，号妙仙娘。所树母仪，可垂百世。生六子，成立而标伟烈者五，三、四尤卓荦不群。二女，一适罗建科，一适谢绍贤，俱著令名。公裕后昆如此，传所云陈敬仲光远而自他有耀者，公殆其流亚欤！

铭曰：山苍水泱，德厚流光。世承妫后，凤卜其昌。

赐进士出身、诰授通奉大夫、巡抚云南都察院右副都御史、年愚侄李焘顿首撰。［出处：河源上管《始祖发广公传陈氏家乘》］

（五世祖）君表公传

凡人必亲炙，而表其晖光乃实，非得诸传闻者比焉。余往来思湖家，聆公鸿诲，尝叹为硕彦。欲拟状赞未果，忽文孙以公谱见示，乞传以垂后。余瞿然曰："是人也，殆余所亲炙者也。敢吝笔而揄其晖光哉？"

按：公乃思湖三兄，讳君表，字天宪，号凤梧，别号

表三郎，恩授冠带。为人谦厚质直，天伦间无闲言。习儒业，不事鄙吝，酷好青鸟，治家遵朱子懿训。上承父绪六十余亩，宅场一，鱼塘二。自续置田产二百七十余亩，宅场三，山场三，鱼塘八。年五十余，由枫林凹卜居松园下，建"忠信堂"宗祠屋宇，开二门池。后又买楼背宅场，以为子孙起造之基。公寿近大耋，元配墩下李仁威公女，号妙仙，柔嘉婉娩，承欢内庭，未壮而逝。继配白石头李乐崖公女，号妙莲，慈顺端淑，佐成家政。家子大章，年未周失恃，李于归，慨然卵翼之，饮食教诲如己出，绝无纤芥嫌隙，年逾六十。再继配袁太君，慈睦温柔，佐理家政，于公殁后，买黄泥塘并堂上窨堂，又买山场一带为据德公派下五房义冢。卒，葬塘上。公生三子，创守俱优。

赐进士出身、诰授通奉大夫、巡抚云南都察院右副都御史、年愚弟李焘顿首撰。[出处：河源上管《始祖发广公传陈氏家乘》]

贺大乡宾思湖陈君七秩加一序

余叨辖滇，离岭表可三千余里。第从楚徼循贵竹，则过栈道踰关岭，上至天，下至地，中俯躬，摩肩左右，深陡悬崖，千万丈不可测，梅信也卒不可期。既一年，家僮急余操觚寿梁大宇，余因忆十月下澣为余初度，十二月下澣则梁大宇暨陈思湖初度之辰也。

思湖居上管，五仙石峙其前，岂所谓五羊化石者又飞至此耶？余尝以正邑方位，并迁修黉宫之役，拉通家李生实甫，自曾田往上管游青牛、黄龙、仙女诸岩，即前所称五石者，此其三大奇观矣。见青牛一岩，半壁小憩，一刺而入，入则洞高五丈有奇，横广四丈，深可百余丈。旧传避世者，每至万余人，烟火烛天。余怆然久之□，而狮象龙凤，莲花芙蓉，钟鼓盘钵，垂蕊直玉，千层万汇，变幻绝伦，绚铄夺目，真仙人之窟宅，而揽胜者忘归之乡也。余始信世间果有仙人寿星显世。适思湖徒步登山从余谈，实甫两目炯炯，实甫言其兄俱不假杖拄。余谓：木产于穷奇绝峻之墟，历万年不改柯易叶，斧斤不入，以全其天。龙藏大海，鹿归深山，因同余喷雪千万年，伏气无算。思湖其得此诀耶？乃实甫为余言：思湖于嘉隆之间，上管与曾田有隙，戈且起而旋卷，固尊先人大正公一言，而思湖所以劻勷默调其间，不可少也。余讶思湖有用世才，岂仙人游戏人间如化石术耶？惟其有用才而用之，于是恬然而还我，宁与导引枯寂之士较长絜短比功哉！

今年甲寅，思湖寿同余，七秩加一矣。余倘奉职无他过，异日邀宠灵，荷天子恩，赐杖休沐，再访青牛、黄龙故垃，与思湖寻五石踪迹，当必有异人指余两人丹书，请李生实甫证之思湖，毋令思湖自秘也。

万历四十二年甲寅孟冬吉旦、赐进士出身、正奉大夫、正治卿、云南等处承宣布政使司左布政使、前云南广西两省右布政使、广西湖广两省按察使、云南湖广两省右参政、奉敕整饬陨襄等处兵备、兼理抚民管湖广按察司佥事事、南京兵工两部尚书郎、奉祖陵皇殿工成、奉诏升俸一级、

愚庚兄李焘顿首撰。［出处：河源上管《始祖发广公传陈氏家乘》］

第二节　泷门诗选（民国版）

诗　序

曾凤仪①

　　世谓诗人多穷，解之者曰："人非尽以诗穷也，第多以穷诗耳。"嗟嗟！此以语山林枯槁之作则可，而岩廊锺鼎之什然乎哉？夫咏秋草、吟蟋蟀，窃窃然一泄幽愤，无复贤豪远神。彼其昕夕徘徊，高之不过泉石自娱而止，卒以困踬短折。乃如文王《皇矣》《清庙》《我将》诸篇，大者究天人、陈德政；小者亦以指次礼乐、兵农之务，宫府闾阎之情。缀句裁章，洒洒乎数十百言，亦既春容典则矣！而其人又皆尊荣寿考，名在千秋，是何也？古之圣贤，胸含宇宙而质文彬彬。譬之溟渤之源，浑浩不测，出其残氛划浪，犹足以成鼍市而结蜃楼，安在诗之必能穷人、而人之必以穷诗也？

　　泷门李先生道德勋庸，翱翔周召二甫间。弱冠登朝，

---

① 曾凤仪，字舜征，号金简，与焘公交谊深厚，湖广衡州府耒阳人，万历癸酉举人，癸未进士，累官北仪曹郎。心厌荣利，致政后从张元忭游，究心性理学，建书院于衡山讲学。

扬历中外，垂四十余年。乃今卒业兹篇，而益知先生之蕴籍宏远也。先生雅不欲以诗闻，乃局干韵度，尽夺皇初开元位置，而敦庸几康之微旨。所为接响赓歌，而与《雅》《颂》同《风》者，复且跃跃文字语言之表，岂所为其有之、是以似之者耶！呜呼！诗亡久矣。儒者有其骨，不必有其貌。至于先生，而骨貌兼之，春容典则，称岩廊锺鼎之什矣。然则《泷门诗选》，虽谓之删后遗篇焉可也。

（赐进士第礼部祠祭司郎中耒阳曾凤仪撰）

又 序

陈宗契①

古今能诗名家，于李姓最著，青莲白玉尚矣。比地历下而后，公岂其苗裔耶？何肖之极也。世儒曰：诗者，性情之物，郁曲失意者之为也，不穷不工。夫江潭骚圣、著作愁卿，失则失矣，而《卷阿》《佳什》《凤池》《阳春》何以说也？诗可以观得失备焉。公有得而无失者也。彼其起制科，奕奕国华，丁年守衡，艾年宪楚，所至挺立劲竖，扬清荡氛，落穆而自沉雄，凛棱而故静愿。即中间隐见相半，而天宇廓清，绝无约结。何必穷？何必不工？总之，境迫神流，持满既溢，无意立言；于喁成韵，寥寥

---

① 陈宗契(1569～1630)，字褉生，号景元，明湖广衡阳县人。25岁中举人，三十二岁中进士，选庶吉士，补福建道监察御史。不畏权贵，弹劾不法官吏及政治弊端，直言敢谏之声威，令朝臣无不震惊。

乎天游者也！

余尝卒业《诗选》于友人伍学甫氏，其致可睹矣。然公无意立言，有意用世，乃能用又能不用。往忆楚氛之急也，柄相熏天，炙手可热，纷且相矛，麟角之裔以图首功。公愤然起曰："一鸡筋何有？奈何以头上进贤，坐见汉水银潢、王泽竭乎！"明持阴摄不得，则拂衣去矣。荧荧一片肝胆照人，抑何壮烈多骨气耶！失者无几，得者无算，况乎失之为得始，不用之为用大也。隆中莘野，处则冥冥，出则炳炳，泥蟠天飞，犹之乎无用以为用，公今骎骎乎大用矣。公诗如陶，陶曰："笑傲东篱下，聊复得此生。"意若以无用为得，不知用世而常存笑傲之心，则经世亦出世也，安往而不得哉！此之谓以不言言，以不用用；此之谓知道。

（赐进士第提督北直隶学校监察御史楚衡旧治生陈宗契祺生父撰）

余舟将次衡阳，诸父老子弟聚迎来雁塔，
因登曲江楼相接道旧，纪事十八韵
理棹趋岳麓，溯流穷潇湘。
五马经游地，廿载祇参商。
浮屠曾选胜，今睹九霄昂。
渐觉喧声近，相迎入故疆。
群舟来竞挽，彼岸亦壶浆。

青衿何济济，黄发亦跄跄。

跋涉嗟劳苦，絷维就上方。

岣嵝重砥柱，回雁并翱翔。

林端标石鼓，川上焕文章。

郁郁森松竹，翩翩振凤凰。

万井仍依旧，四并应可常。

殷勤前慰劳，还讶鬓如霜。

余深惭畏垒，谁为拟同乡。

所欣和气集，冬雪兆丰穰。

父老且休矣，时来幸小康。

诸生登雁塔，行观上国光。

迂疏脱世纲，杖履归林塘。

长作太平民，歌颂今陶唐。

徐明府祷雨有应奉赠十八韵

穹苍临有赫，贯格理无私。

上下遥悬绝，天人际会奇。

作霖称傅相，忧旱诵周诗。

独爱三衢彦，分符百里宜。

鹰鹯羞击搏，鸾凤霭丰姿。

朱夏膏屯久，青苗雨降迟。

彤云蒸似火，赤地坼如龟。

引慝簪绅解，深悲涕泗垂。

诸神罔弗祷，百拜肯云疲。
玄象俄潜动，休征遂及期。
凄凄槎水曲，殷殷桂山陲。
龙穴奚劳渍，蚁封既早知。
茅檐趋亩亩，花县慰云霓。
明赐谁能致，精神自不移。
春田行稔获，和气起疮痍。
俚语惭惇史，民情属口碑。
焚巫徒益过，暴野亦文为。
实政流芳问，千年系永思。

　　南岳谒白沙甘泉二先生祠
海内惟五岳，南岳当文明。
地脉尽南海，灵秀锺豪英。
爰有白沙氏，正学属主盟。
窈寐朱陵胜，徒悬物外情。
入室首文简，体认天理精。
九十登祝融，祠为白沙成。
迄今逾五纪，几席俨师生。
愧余乡后进，廿载三之荆。
瞻仰思遗教，随处天则呈。
翠微含雪影，春云纵复横。
野花丛将发，谷鸟时一鸣。

际此归罗浮，无负紫芝荣。

初至方广嘉会堂喜闻得孙

我慕二先正，欲登嘉会堂。

斋沐净嚚氛，瞻谒俨羹墙。

白云开涧道，青鸟自衡阳。

报我发孙枝，欢声动上方。

灵岳曾虔祷，居然慰所望。

衡为楚粤宗，精英孰敢当。

隆祥曷祗承，澄心慎行藏。

高远始卑近，静坐生辉光。

深山蛰龙腾，幽谷芝兰芳。

元览豁灵襟，岂谓恣徜徉。

混沌未可凿，心原赤子良。

葆真以贻谋，期不负朱张。

栉发都罗庐舍仲孙元胤为予掠鬓示以此诗

晨起既栉沐，对镜鬓如丝。

仲孙频手拂，哀暮尔应知。

嗟予昔青鬓，远到谩自期。

学问愧无成，树立竟何裨。

仕路纡车辙，倏然华发稀。

蹉跎虚岁月，于今祗伤悲。

亟宜鉴尔祖，藏修及少时。

勤思惟砥砺，勇往勿逶迟。

擢秀标珠海，乘春步玉墀。

宫花香压帽，仙掌露盈卮。

整此青霄翮，长当集凤池。

皤皤称国老，不负伟男儿。

李广文自程庠送诸生省试便道过里为太夫人寿因迎就养爰赋十二韵以美之

捧檄爱将母，横经不愧师。

奉公过里日，游子省亲时。

马帐途仍设，羊城去每迟。

醇醪来暹海，麟脯奉瑶池。

画锦斑斓舞，春晖寸草思。

东征知赋就，宝婺睹星移。

色养轻荣禄，青芹比紫芝。

神情应共适，温清自委蛇。

乡井何曾远，往来任所之。

芳萱增畅茂，化雨足含滋。

百顺心能聚，三鳣兆自奇。

令仪追孟氏，燕喜永无期。

喜雨再赠徐明府十二韵

如焚当夏日，病喝望商霖。
有美循良令，无穷父母心。
忧民垂涕泪，罪已免冠簪。
遍祷坛仍筑，忘疲病却侵。
愿求宁妇子，身岂计浮沈。
展矣精神格，居然上帝歆。
雄风随震荡，甘雨遂淋浔。
白叟欢声起，青苗改色深。
三农行就绪，百谷定成阴。
遁迹泷门老，谩为拙句吟。
清凉苏槁朽，润泽及园林。
樵牧同歌咏，风谣备采音。

萧简州之孙光启加冠礼成奉赠八韵

酇国宗臣裔，益州刺史家。
贻谋本丰芑，余润茁兰芽。
砺行能遵训，缡词且咀华。
修途指万里，元服重三加。
驹隙徒来惜，鹏云未可涯。
即扳东省桂，更看小林花。
簪弁行相映，车裘岂足夸。
吾侪今燕喜，尔祖共鸥沙。

送徐昆岳山人还丰城

我耽林壑癖，逢尔挟青囊。

意气凌山岳，水云恣徜徉。

扪萝跻巉峤，鼓枻咏沧浪。

高拟天上姥，虚若对潇湘。

杖屦皆鹿友，朝昏历羊肠。

指顾尽形胜，精审卜元堂。

陟岵归心切，离亭引睇长。

何时再拂剑，光照斗牛傍。

安溪春望

四望绝嚣尘，登临曙色新。

淡烟消凤麓，疏雨歇龙津。

鸟集风檐树，鱼游水槛苹。

山城图画里，吏隐岂无人。

过匡庐山有怀黄山人吾野苏大参紫溪

道次庐山麓，停骖宝地边。

云峰禅榻回，石磴讲堂悬。

白雪凝松净，青春着柳鲜。

天地谁共眺？魂断十年前。

公署偶成示黄自根孝廉

谢客栖间署，依然是隐居。

虽无岩壑胜，却似竹林余。

细检幽人录，虚劳长者车。

弄孙春昼永，不必问吾庐。

元夕刘君思渔、伍生学甫、杜生仙友、刘生君御、刘生孔镇、叚生凤裳移槛见访分韵得阳字

杜门既谢客，枉教独称觞。

满座论心静，更深引兴长。

灯花和白雪，月色际青阳。

醉步闲阶冷，并州信故乡。

初宿水石庐

新凉清枕簟，细雨润琴书。

梦杳羲皇上，山幽大古初。

吾心原自静，万籁总应虚。

独怪江流急，滩声十里余。

宴谢秀河别业

市廛堪大隐，止我狎芳荪？

慷慨忧时变，盘桓到夕昏。

东山频对局，北海复倾樽。

语及青云业，诗书付子孙。

月夜偕诸公游平政桥即事

云湖桥荡荡，丙夜月娟娟。
爽气来千里，清光动万川。
芳樽邀客坐，翠袖望珠悬。
何处张天乐？因风送管弦。

喜 雪

古来稀粤雪，今忽见天葩。
集雨催归鸟，乘风舞落花。
琼瑶增岳色，丰眤兆年华。
地气知由北，征祥未有涯。

偕傅明府游逍遥岩

怪石腾千尺，悬空入半霄。
地偏人迹少，草茂鸟声娇。
小阁登临峻，长江眺望迢。
簿书借暇日，呼客共逍遥。

寄谢心宇

今春东坞景如何？忆昔春游好景多。
碧沼鱼迟依翠荇，芳园花满覆青莎。
门通鸟道樵人出，渡绕龙津长者过。
欲续旧游劳梦寐，风尘三载竟蹉跎。

陈仰湖逸士奉诏冠带

硕人高蹈出风尘，岩壑烟霞早卜邻。

松下长吟三岛月，溪边闲钓五湖春。

忽闻丹凤青霄迥，喜着乌纱白发新。

轩冕知君原不羡，由来优老出皇仁。

宴沧州刘宪宅赏菊

却讶云霞分五色，还惊桃李斗三春。

由来绿野堂开宴，无数黄花障列茵。

舞阁清香分旨酒，歌台丽色借佳人。

中宵留客犹忘倦，应识丹邱后乐身。

北征留别陈承庵

几年对榻卧林邱，此日还从冀北游。

占象星辉陈实里，挂帆雨散李膺舟。

人谁蹀躞犹邻骥，吾自浮沉惯狎鸥。

为报霍山休疏诮，京尘漠漠肯淹留？

冬夜沅塘留别陆明府

来暮人歌予大夫，行迟唱忍动骊驹。

停舟旅次逢非偶，洒酒江干兴不孤。

露濯清风团翠盖，波澄明月映冰壶。

离筵潦倒良宵永，归梦还随到制湖。

陪戴大司马游西湖

今朝节钺下楼船，昨夜风涛已宴然。

白鹤晴光摇锦席，朱明霁色入琼筵。

长桥候骑天中度，孤屿移舟镜里悬。

司马壮游情不浅，风流应并长公传。

偕韩沅州登浮碇岗

出门方自叹离群，何意高冈重对君。

把酒醉迟南海月，杖藜惭听北山文。

榕溪近绕宫墙出，罗峤平临洞壑分。

若个有人衣薜荔，桂丛招隐好相闻。

壬寅冬，余过羊城，
陈谨斋年兄时举曾孙，为赴汤饼之约。
先是菊月余亦幸同此喜，口占纪事

一自鹿鸣歌甲子，四旬凤历纪春秋。

青云往事惊虚梦，白首重来续旧游。

愧我风尘还窃禄，怜君弓冶共贻谋。

天涯把臂逢汤饼，不用花枝作酒筹。

游海珠寺有感

采珠连岁已关情，此日招提感慨生。

枵腹水军闲鹿步，卧樯夷舶伺羊城。

取来合浦南箕敛，进入蓬莱北门倾。

大颗独留炎海上，休教中使得闻名。

除夕舟中与陈晓泉守岁

日日春帆溯上游，深更绛蜡照孤舟。

疏梅香散春初动，爆竹声停夜正幽。

几度松楸远捧檄，何当桑梓共传筹。

悬知兄弟堂前宴，相对衔杯忆远游。

始兴江口寄赖广文

萧然客路度年华，东望云横不见家。

却忆蓉峰如列戟，遥闻梅岭正飞花。

五羊一洒新亭泪，双鲤频浮博望槎。

首蓿斋中同臭味，应怜垂老向天涯。

临江寄高袁州日观

名从粉署动岩廊，治郡今闻集凤凰。

赐履东南曾紫绶，搴帷江海正青阳。

浮云游子程千里，芳草王孙水一方。

自笑西风吹短鬓，畏途谁为决行藏。

忆泷门旧隐

王母池边旧草堂，人间别是一林塘。

自来歌鸟如相狎，不识名花有异香。

酷暑纳凉风万里，祁寒留暖木千章。

何为弃置清绝地？尽日驰驱古道傍。

怀寄西云上人

来我泷门第一峰，祇园初辟自南宗。

山头卓锡能先鹤，水畔谈经可制龙。

宝月光生趺坐石，天花香散寺门松。

何时税驾尘缘路？渔艇徐听夜半钟。

春日入京寓善果寺用壁间韵

日日晴曛春色深，今朝微雨始成阴。

柏林翠霭侵禅榻，槐树乌啼杂梵音。

北极近瞻双凤阙，南熏徐听五弦琴。

即看麰麦荷明赐，此际应知天地心。

寄和陈符卿见赠之作时予早朝五凤楼

晨趋凤阙点朝班，徒望天阍想圣颜。

恩沐累朝无寸补，时逢四海正多艰。

漕河楼橹停如簇，边塞烽烟列似鬟。

经济如君犹豹隐，苍生空复望东山。

初至衡阳公署即承廖密斋伍益斋曾金简三公见过

江上霏霏六出花，衙斋初霁欲栖鸦。

何期剑合三冬晚，转忆星分廿载赊。

色秀衡皋连碧汉，光浮湘沚映明霞。

重欢肯惜灯前醉，披褐行将泛海槎。

春日密斋公再过仍用前韵

习静虚堂度岁华，清闲无异野人家。

高轩重过春生座，深院徐看树欲花。

自分榆枋宜燕雀，余辉窗牖发云霞。

陶然共适披图画，五岳应休惮路赊。

首夏山居即事

四泽蛙鸣惊晓梦，千家烟袅报晨炊。

湖平夜送天河水，山翠晴添月树枝。

谩向东郊恣野兴，极知南亩正农时。

田园三载荒芜甚，未耜从今好自持。

无风壑

立鱼石下泊孤舟，濯足沧浪烟水秋。

日夕壶觞随所便，高深山洞不须求。

那知鲸浪兼天涌，常与鸥群竞日游。

莫若炎方思解愠，岩扃长夏更清幽。

同周士枢诸君登万年台有怀俞宗汉

十年始复步云岑，旧路蓁芜尚可寻？

未勒移文宽督过，幸逢作赋得知音。

星槎源溯银河近，月树峰连玉洞深。

太白祗惭劳比拟，罗浮仁想听豪吟。

周士枢刘尧中过宿水石庐

江深地僻草蒙茸，小筑初成二妙从。

水绕池台声淅淅，月移云树影重重。

栖迟既自甘凡鸟，信宿何期有卧龙。

揽胜留题知不惜，碧纱应共白云封。

任广文见过

解绶还山野兴赊，君胡惜我重咨嗟。

泷门自合畸人隐，三尺谁怜帝子家。

相对夜筵烧烛短，行随秋水挂帆斜。

殷勤更订蓝桥约，太乙霜前看菊花。

和庐右史见怀之作

隐园风物自苍苍，万木阴森二水长。

高卧重岩沾雾雨，闲游孤艇任星霜。

关河旧侣劳残梦，江汉怀人对夕阳。

漫羡小山丛桂树，海翁鸥鸟既相忘。

再和庐右史见寄并订卜居之作

谁兼吏隐与天游，轩冕旗常总是浮。

堕泪碑空留岘首，铜鞮歌谩唱江头。

逃名象岭辞冠盖，鼓枻泷门祇敝裘。

拟筑山楼彰睿赐，迟君觞咏共遨游。

张见可巫完我二孝廉自龙川见过

名都巨麓揽奇回，仙棹遥从锦里来。

螯霍风云随彩笔，桂梧窈窕属鸿裁。

联珠照夜澄沧海，双剑横秋烛上台。

幽径烟霞迷出处，谩劳并辔入蒿莱。

赠关长尹念野

隐园何幸得芳邻，风雨相过意绪真。

裘马泥途能傍险，壶觞寒谷却生春。

水田合沓供耕凿，林木阴森绝斧斤。

十亩徜徉聊共汝，西关行旅亦相亲。

马君宪见过

寒雨潇潇涧道幽，山林那得玉人游。

匣中宝剑应常吼，怀里明珠肯暗投？

导水我徒驱巨石，出尘君可濯清流。

归途渔父如相值，为语来参范蠡舟。

廖旸谷见过

水遠石头蓬鬓影，风回岩下敞裘披。

林泉自寄泷门傲，车马何劳十里驰。

正喜凌寒梅似雪，不妨送暖酒如池。

江天恋赏情无极，只恐严城夜漏迟。

雪后登描眉峰柬江禹河

岭外谁云朔雪稀，描眉峰畔柳花飞。

欲开兰若依青嶂，好着芒鞋上翠微。

迷路无媒芝正老，凝华有润蕨将肥。

与君采采盈怀袖，饱饫冥栖共息机。

苏茹霞以余初度见过（龟巢喜见新霁觊以佳章赋此奉谢）

寻幽几度叹离群，忽报仙帆破水云。

锦浪鳄湖朝霁静，莲峰梧野夕阳分。

携樽谩进南山祝，振藻惊看北斗门。

遮莫龟巢生气色，衰颜长此藉清芬。

千岁楼成作

圣朝予告辞三楚，帝子遗书问一邱。

曾赋小山丛桂树，还教幽壑耸岑楼。

窗含雪岭翻乌鹊，栋倚云峰碍斗牛。

罗列石林争献巧，却疑江上即沧洲。

徐明府见过泷门山房

风清花县及山林，报道双旌映碧岑。
顿觉桥边鸣涧水，如闻堂上鼓瑶琴。
幽禽引葢差池出，芳草迎轩紫翠深。
暂解簪缨扪薜荔，岩扃乘兴遍登临。

江隐士重修绛津别业赋赠

十年茅屋傍湖边，今始重新易数椽。
粉壁光摇眉岫雪，竹林翠惹绛河烟。
谈元常侣飡霞客，引水宁荒种秫田。
更与泷门连洞壑，相过觞咏共陶然。

陪戴大司马年丈泛舟自宝江至歌唐石游仙女岩

控辞兵柄解金貂，便着荷衣问寂寥。
望阙崖前归节钺，乘槎江上混渔樵。
玲珑石室疑三岛，突兀云房讶九霄。
青鬓几时皆白发，好骖鸾鹤此逍遥。

偕谢隐君叔侄游仙女岩分韵得苔字

玉女乘鸾上界来，崔巍舟室瞰江开。
仙踪缥渺空瑶草，古壁霏微尚翠苔。
罗幕月来疑海屋，石梁霞起即天台。
休歌招隐频相和，恐把诗篇误酒杯。

游临江岩

清江几曲抱都罗，岩壑新开杖策过。
轩冕几曾飘宦海，烟霞今始狎沧波。
坐忘长看仙人奕，兴逸时披钓叟蓑。
唐石兼云闻可买，行将击壤纵游歌。

先茔前导水毕工纪事

循江惊睹向西流，万顷烟波一曲收。
天外云涛回砥柱，镜中山色霭松楸。
千帆径渡丹枫岸，百丈徐牵绿水州。
独有遗灵空想像，严寒风木不胜愁。

霍山留别任广文

各归岩壑几春秋，今始同为方外游。
千仞扪萝登绝巘，中宵披雾到林邱。
低徊岁月仍青眼，荏苒风尘既白头。
明发扁舟湖海上，离情日共水悠悠。

赠马孝子

其一

庐墓三丧历九年，暑寒不惮孝心坚。
几行血泪胸中滴，一片身毡月下眠。
极目青云银汉外，归巢白燕画堂前。

浩然二子飞腾远，淑气锺祥启后贤。

其二

风木含悲卧草莱，忽惊霄汉玺书来。
乌私独行原天植，龙衮殊褒自圣裁。
名动京华青史纪，光摇岭表紫泥开。
芳标不但仪乡国，风轨崇朝遍九垓。

赠李易斋

避喧仍有屦盈门，表正名高众所尊。
鸿雁翩联依藻泮，鸣鸠翔集在桑园。
弦歌声动春城醉，华衮褒从月旦论。
柱史即今飞荐草，弓旌早晚薜萝轩。

万历三十五年岁次丁未八月
既望慧星见昂位幸逢圣旦恭赋纪事

曾称宋景消荧惑，却笑汉文谩祝厘。
万象昭回环帝座，九重潜格动天知。
阳亨正喜嵩呼日，阴沴何妨电绕时。
旦暮责躬明诏下，寰区歌颂仰洪慈。

寄粤西杨兵宪

自从持节镇西方，铜柱高标逼上苍。
既促虎符严宪檄，还开凤诏拜夷王。

边尘不染旗生色，关月常悬剑有光。

闻道东封终失画，前筹好借策辽阳。

挽何政和赞府

书来问我到泷门，转盼惊闻报讣喧。

风雨空山悲吊鹤，薜萝残月泣啼猿。

鳌阳此日乡评惜，闽峤千年宦绩存。

岂特遗芳垂燕翼，还留余照及云孙。

苏茹霞社兄偕其内子廖俱七旬有一诗以寿之

七十人生未易期，况称偕老庆齐眉。

玳筵连举川为酒，鹤算同长鬓似丝。

苒苒三春兰桂芷，翩翩五彩凤麟姿。

论交却忆当年事，解佩遗予光陆离。

寿江仰崖七十有一

里社谋将进寿筹，棹头不顾泛扁舟。

谷中求友闻啼鸟，海畔忘机睹戏鸥。

白首旧盟饶薜荔，青云余事付箕裘。

夜来窈寐登蓬岛，共贯平分五百秋。

（八月望夕，余梦持钱一贯为公寿，公寿其半而半以见还，故云）

重阳后二日访八十七翁许石冈姑丈

登高乘兴到林园，倚杖仙翁恰在门。

披拂白云挥玉尘，招呼明月倒金罇。

更阑话旧宾和主，醉罢扶归子若孙。

犹道漂岩多胜事，黄花白雁指西原。

赠李念泉居士

商皓晚年惭翼汉，桃源几代谩称秦。

何如歌启逢盛世，一任辞尧老颍滨。

白首青罇常自醉，扶筇曳履不知贫。

新门咫尺湖桥路，风雨相歌莫厌频。

七十六翁李念泉奉诏冠带

唐尧折节下巢由，林壑君当第一流。

糠秕韬钤迷雾豹，淋漓觞咏狎沙鸥。

烂柯频对千年奕，结袜宁知万户侯。

荷菱肯将簪弁易？客星无那动宸旒。

谢九十五翁陈仰湖见过

身历四朝乐事多，廿年更屡沐恩波。

冠裳楚楚垂银鬓，兰桂森森待玉珂。

海鹤丰姿超物表，沙鸥情况养天和。

为予先子赝纶命，特俨天威杖履过。

寿苏茹霞

四十余年气味同，爱君诗洒兴偏雄。

夜吟霞洞珠玑灿，春酿甘泉琥珀浓。

渔艇共游凫渚上，车尘不到鹿群中。

称觞愧我投簪晚，漫赋南山曲未工。

示侄树培树陵（有序）

十月廿三日属予初度，先，五夜梦甚奇，觉而解曰："吾家两总角将见录于文衡，初度日可闻报乎？"备以语诸兄弟。既而果然，赋此以示二侄，庶几一当韦弦云。

衡鉴初收梦里知，蜚声随报果如期。

乞灵彩笔龟峰塔，学就文机织女池。

我既泷门徒旷逸，尔宜万里并驰驱。

勿云总角来多日，瞬息惊看两鬓丝。

寄赠陈晓泉广文

献岁春回首蓿初，离离桃李更扶疏。

横经席上樽长满，问字亭中客不虚。

家学素传韦相业，郡庠今广邺侯书。

名儒自系成均望，供奉逍遥待石渠。

偕友人登惠阳新塔

千寻雁塔锁鹅城，携酒同登近大清。

绝顶罇罍摇岳影，半空吹鼓杂雷声。

祥云缥缈腾珠海，佳气葱茏接玉京。

天为粤东增胜概，可能无意振豪英。

七月廿夜萧简洲偕诸老集尊德祠待桂山骊珠

秋郊大火既西流，薄暮凉生景正幽。

蟾月却沉沧海底，骊珠应吐碧山头。

丈人借彩燃藜至，迂叟分光秉烛游。

取醉不辞浮大白，兆君弓冶属箕裘。

登城东楼有怀

五色云呈考卜初，经营三纪竟何如？

道傍谁定千年策？湖里空浮万顷余。

纵目东楼天作画，乞灵西桂草为庐。

聊将一堵兴闾里，先子成城意不虚。

怀江禹河隐居

都罗却忆绛津庐，高士栖迟水竹居。

孤艇眠云酣酒后，长竿钓月听琴余。

采芝频访仙人宅，问道时来长者车。

嗟我尘缘犹未息，思君胜事谩踟蹰。

寿绛津主人江禹河

爱尔林泉乐事偏，绛滨松竹共澄鲜。

山椒霞色开图画，树杪禽声弄管弦。
曾引潜蛟归洞壑，行看雏凤入云烟。
龟莲池上供仙酒，尽日流觞取醉眠。

马象南送鳄湖鱼赋谢

昔年湖底散红尘，此日波平畜锦鳞。
戏藻影摇梧岭月，吹云浪暖绛河春。
清丝网举临溪美，白玉盘行入馔新。
千顷汪汪皆美利，蓴鲈那得独称珍。

得薛方伯周宪副书却寄

泷门抱膝久岩居，天上谁遗双鲤鱼。
三楚宦游前夜梦，四明郑重故人书。
鉴湖未许归狂客，狗监终应荐子虚。
自分幽兰欣有托，隐园长比乐耕渔。

题家弟鸣梧轩

栽培嘉树自先君，五彩来翔最出群。
新筑数椽由燕翼，遗书万卷起鸿文。
下帷鱼鸟窗前出，染翰龙蛇笔底分。
谁为幽栖长寂寞？飞腾长彻九天闻。

曾甜竹先生故居

溪北山南一草庐，抠趋却忆廿年余。

鸟鸣谷口新篁短，马系篱边古木疏。

尺籍始清循吏笔，丈人原是子云居。

正逢雨露沾东粤，几载烦苛一旦除。

廖旸谷妹丈修祖广文墓有白燕来翔之瑞赋此纪事

郁郁佳城大道西，行人停骖看新题。

鳣堂风教巴江远，马鬣英灵桂岫齐。

讵有差池肤似玉，疑由填冢口衔泥。

须知贻尔孙谋意，燕翼高飞上苑栖。

闻龙川陈明府政声赋此志喜

吾师天子耳目臣，揽辔曾将瘴海新。

忽对使君彭泽柳，重瞻先代岭南春。

柏台霜肃闻鸟集，桑陌风清见雉驯。

父老莫愁征召急，承家骢马复东巡。

寿陈龙川

山翁数十百为群，共指鳌山道令君。

秋月当檐壶影玉，春花侵县锦如云。

一钱欲献犹疑却，三祝同声不用文。

百里流清循水碧，宝江还傍饮余芬。

读大田傅侯德政诗有述

谁谓循良不可寻，口碑闽海既成吟。

种花色满河阳县，流水声传单父琴。

露冕行春人似玉，侧身步祷岁为霖。

飞腾荐剡寻常事，美锦芳规耀古今。

题吐珠泉（有引）

桂山骊珠见则人才出，载在旧志。故古州曰"祯"，驿在江边，曰"宝"，皆以珠名也。石迳口有湛珠湖，言未吐耳。今改建县治，坐桂山迎织女池，位既得中，向又甚正，山泽通气而骊龙始吐其珠。适当县堂初成之日，且属万历三十七年己酉开科之年，故拟名"吐珠泉"，作近体一章以纪之。

千古山川秀始开，骊龙珠吐鳄湖隈。

逼人清气泱泱出，透地灵泉滚滚来。

疑是虞廷投此合，应知周室兆多才。

溯洄好鼓乘槎兴，织女池源接上台。

训寄南岳藏六上人

蚩遁宜栖水石边，频来牧竖友忘年。

班荆岩下清尘鞅，张袖楼中足转旋。

孤雁再翔仍旧泽，双鱼遥寄得新篇。

隐山日望天花坠，刻漏同参醉里禅。

访洋潭赖翠屏

欲入名山觅至人，先从渡口访垂纶。

长塘环绕田畴润，古树芳枝物候新。
门外箫笙宣野吹，檐前细雨洒光春。
东桃此去无多路，更有花源待问津。

儿东迁艮向新居诗以送之

一夜移家喜气浓，祯城却似判鸿蒙。
神炉香霭飞烟白，宝剑光芒映烛红。
山色菁葱屏帐后，江流环向画图中。
主宾相得精英舍，早晚宁无为荐雄。

三凤石采香蕹

梧桐山对凤凰台，三石巍峨枕水隈。
岩畔珠帘晴亦雨，江湾雪浪去还回。
循州帆傍星槎过，桂岫香随月树来。
清暑有蕹君可采，九成功献比盐梅。

冬日游古岭还宿罗塘示本宗诸侄

探奇披褐历西东，千里川原在眼中。
共道开花真地脉，宁忘指树旧家风。
永祈白首年相问，酣饮青樽夜不空。
惟愿尔曹遵祖训，心田种玉岁常丰。

登描眉峰谒妃子地

谁道皇妃去不还？描眉翠黛宛容颜。

画图举目应难尽，绝顶晴明正可扳。

缥缈海云天地外，依稀霄汉丈寻间。

俯看支派银河远，万象文成玉笋班。

县堂落成呈徐明府

澄湖沉沟遶门前，遥映骊珠桂岫悬。

花县管弦鸣燕喜，琴堂箫鼓报莺迁。

罗衣彩借云为色，锦席香移醴作泉。

丙夜将阑歌湛露，从公大小乐钧天。

寿廖次公襟宇六十有一（有序）

次公生平豪宕，人多以侠目之，余谓非徒侠也。事关乡邑，众所逊避却步者，次公独身当之，已而事济，绝无自功之色。退居柳城，邑令徐公从众望，推为约正。筑平新桥，开山通道，行人便之。大守胡公亟奖之曰"能"。万历三十七年己酉岁，蝗起南湖坝，群飞弊天，身率乡人焚野草，鼓烈焰，揭竿逐之，蝗向东南高飞没尽，岁复大稔，此犹劳在一乡耳。邑治旧苦无水，则为画策，醵金建水柜于城西南，以时蓄泄，而城守赖之。眉峰飞泉挂千仞崖，滚滚而下，未为民利，又身相度，引水出洪冈之源，而荒圹化为田畴，其德施通邑何如也？称为节侠非乎？万历三十九年辛亥岁八月十四日，为次公六十有一之辰，夫功不朽则寿不朽，今兹万年之祝，盖为吾邑申美报云。

节侠逃名何处寻？柳城江浒大郎阴。

筑桥通道人如市，鼓焰捕蝗岁不祲。

春暖星沟洪峒远，冬寒水柜鳄湖深。

池濠亩亩千年事，天寿应高太乙岑。

自方广还寓衡阳公署作

梦辄恋青莲，衣犹染紫烟。

儿童惊两鬓，苍素复添玄。

泷门望月

东海生明月，峰头仅一竿。

秋光何限好，野老独先看。

方广道中半岭小憩

千载英游若比肩，凭虚树杪翠含烟。

当时喜霁消残雪，今日寻芳入洞天。

道中景物应接不暇喜而赋此

紫岩翠壑景皆春，夹道烟花引兴新。

邂逅山灵如我问，遨游五岳未归人。

与刘思渔宿方广寺

其一

一去莲峰二十年，今宵对榻卧云烟。

从来游岳人何限，风雨重过有几贤？

其二

晨炊正熟始披衣，苏嫩菇香蕨更肥。

不惜与人飧尽饱，此中滋味恐知稀。

将还旧隐先寄处士江禹河

归来辍棹暂湘湄，日日江头醉酒卮。

为报绛津垂钓叟，吾今不似出山时。

莲心石

其一

云晴雨过夕阳斜，草木苍苍映晚霞。

何恨隐山山尽好，江干石亦献莲花。

其二

琪花锦树拂栏杆，公子王孙醉里看。

渔父秋江无个事，莲心石上弄鱼竿。

九月初十日泷下围长刘翁得孙为赋三章

其一

桅杆岭畔对眉峰，瑞气秋来绕几重。

倚杖清霄翘首望，骊珠飞入状如龙。

其二

里人色喜到泷门，报道刘伶得家孙。

李白宫袍应解送，携来汤饼酒盈樽。

其三

忆昨登高色正黄，百花原上醉流觞。

今朝有酒仍堪泛，玉树新枝月下长。

县治经始闻雷纪事

其一

天为琴堂用巨材，方新雄构动风雷。

预鸣出地从人意，百里同声效于来。

其二

先春半月报阳和，曲水环山王气多。

千古群蒙今载启，江城处处起弦歌。

残　菊

蜡芷霜头簇色奇，岁寒惟有两三枝。

黄金满地无人拾，留买渊明醉后诗。

雪中梁方瀛叔侄见过双淮水

朔风江上雪如绵，浊浪滔滔万壑烟。

有客冲寒携酒至，教人惊见子猷船。

六言绝句四首为徐明府作

其一

圣朝为民简任，贤宰遇旱焦劳。

循政数孚冲漠，忧心犹切蓬蒿。

其二

洪荒忽侵田畔，绿野尽是人耕。

钱镈自晨至暮，禾苗已槁还生。

其三

九夏浑无酷暑，千家共沐甘霖。

雷雨连旬作解，居然应祷桑林。

其四

云拥高山平野，春回东陌西阡。

天泽神君默召，秋来可卜丰年。

恭撰生皇长孙

其一

谁持黄纸到天南，报道恩纶阙下覃。

天赐神孙培国本，华封应祝果多男。

其二

既歌夏启肖君王，少海流长更未央。

问寝龙楼闻笑语，朝回鹤禁弄球琅。

栉器铭

汝体能藏垢，汝用能去垢。吾法汝之用，以治心而密其功；法汝之体，以为用而大其受。念之哉此物！此诰永守，庶几于所生可无咎。

高合江像赞

展矣老农，有邻民风。川原在其指顾，疆理罗其心胸。倡率乡人，勤劳田工。引水卫城，尤大有功。问其名，称水龙公；问其年，八十六翁。呜呼！此高合江之真容。

时万历三十年壬寅岁二月吉旦，斗野居士李题。

题蓝口李华东寿域碑

南极腾辉（四字大书）

余弟华东，攸好德人也。卜此为千秋后藏书之穴，坐癸向丁，按丁星主寿，正与德应。余览胜至此，因喜而书诸石，以验福征云。

时万历三十八年庚戌岁春正月上浣之吉，斗野兄为题。

葵梅岩宪使八友图赞

国有君子，世道攸赖。致主匡时，天地交泰。

庙堂之上，槐棘郁苍。川岳贡珍，麟凤呈祥。

惟公刚正，天子耳目。澄清粤海，埋轮畿服。

直道难容，自免明农。人望咸属，公则知足。

勉出平夷，仍反初服。泉石与居，鹤鹿与游。

古梅松竹，偕公为侣。天生豪杰，矫矫风节。

沆瀣克虚，岂自有余。大用未竟，将迓安车。

尔作盐梅，勒勋彝鼎。尚友古人，传岩名并。

韩集询莪录述中丞公示语

乡里间便害山薮，苯民可偶一询之。彼盖身所熟，尝心无他觊，率尔而对，时亦弋获。若城市有知识之人，皆有为而言，不足采也。

赠邝觉吾厅联

大岳插青霄，翠挹千重来几席。

方塘澄碧水，云凝五色掩檐楹。

题霍山岩联①

小庙人来，采取黄花献白佛。

大岩客至，饮倾酒瓮醉船头。

戏谑联

徐峒峒柴，鸭脚白花细女矇。

蓝生生菜，鹅肠红苋老公筋。②

---

① 小庙、大岩、黄花、酒瓮、白佛、船头，均为地名。

② 鸭脚、白花、细女矇均为柴名；鹅肠、红苋、老公筋均为菜名。

后 跋

伍定相

泷门李先生，浑金璞玉，尽谢铅华，而观变沈几，虑先物表。行车所至，讨民隐以周防之大略，皆百千年后石画。先生虽官外服乎，稍闻朝家一美功令，即欢极欲舞，否则浹旬于邑，甚且为废匕箸也。第雅不善诸贵近，以故通籍几五十年，犹然需次藩臬间。盖世鲜有能知先生者，即先生亦不自求知也。咄咄曹、刘、李、杜之业，曾是欲以知于世哉？

不佞定相，负笈粤西官舍，偶从先生仲孙玄胤窃读之，归以示诸藏六禅师，师曰："不烦绳削，意象自合"。异哉！人所刿心肾弗得者，而先生得之。挥洒耶！非凤慧不当有此。虽数纸寥寥，仅存散逸，而寸珠尺璧，足耀人间矣。于是，黄大夫文华率二三子悬之国门。嗟乎！先生于世不自求知，乃吾党以其诗行，果且知先生乎哉！果且未知先生乎哉！

万历四十一年癸丑之仲夏，衡阳门人伍定相识（相字学甫）。［民国版《泷门诗选》出处：《河源李氏开先祠族谱》，释复友、綦如龙、萧时书、刘昌校刻，门人黄文华、廖体蒙、伍定相、伍学龄刊，民国二十六年丁丑仲秋重修，河源钟义发印务局承刊］

第三节 《泷门诗选》补遗

从《中国古籍基本库》及《中国方志库》等史料中，搜录有关李焘史料，辑录得《泷门诗选》未录诗若干首。其史料之珍贵，亦可谓字字珠玑也，作补遗。

朱炳如于明隆庆间任泉州知府，某年除夕前一日，偕李焘出郭寻尤烈未遇，与李各咏二绝，由晋江县主簿张训于明隆庆五年（1571年）秋刻之于灵山风动石。风动石在"圣墓"对面100米处，是泉州古城十大胜景之一，名为"玉球风动"。在风动石北侧岩壁间，有朱炳如、李焘诗石刻，今存。

李焘诗曰：

其一

硕人高蹈隐灵山，闻说群仙日往还。

愧我嚣尘犹未脱，无缘晤语白云间。

其二

对酌清樽看暮山，硕人尚未杖藜还。

荒村寂寞烟霞杳，空有梅花满谷间。

福建永春州有豁然亭，在州东，旧邑志载宋令黄禹建，后改为魁星亭。

李焘有诗：

> 西霁天空秋气清，寻芳幽径上崚嶒。
>
> 云开鹏岳祥光见，风到桃源锦浪生。
>
> 石壁参差悬佛像，松轩寂寞听钟声。
>
> 况兼此地文星聚，对景何妨到月明。

［出处：乾隆《永春州志》，卷十五，清抄本］

饮沧州蔡侍御园

> 名园十里隔尘埃，秋水云涛入户来。
>
> 帆带夕阳过树梢，浪喧箫鼓动江隈。
>
> 低盘翠柏侵花径，暗取清泉泛酒杯。
>
> 春在四时人共醉，频容疏散坐莓苔。

［出处：《沧州志》卷八，清乾隆八年刻本］

洗衲石：石平向，泉水逸其上，薄流清驶，如可洗濯，即惠海尊者洗濯处也。太守海南李焘斗野镌其上：

洗衲池①

> 宝地山环碧，琳宫瀑供奇。
>
> 一泓开宿海，三峡倒天池。
>
> 丹鼎银为冶，龙头雪作维。

---

① 此诗刻于洗衲石上，在方广寺附近小溪。

从来堪洗衲，即此濯缨宜。

明李焘游集贤书院，怀诸先贤诗

千载英游意气同，天留胜迹为名公。

峰峦葱郁云林外，物象氤氲雨露中。

大地原来存道脉，遗编自可挹春风。

遥瞻禹迹碑明灭，欲向岣嵝泄化工。

［出处：《衡山县志》卷十六，清光绪元年刻本］

自方广还寓衡阳公署作二首，其一《泷门诗选》已录，补其二。

其二

萧散出丽网，来为廿日游。

谁知山寺里，别自有沧州。

［出处：《清泉县志》卷二十五，清乾隆二十八年刻本］

江氏门联（济阳郡）①

桂岫泄奇珍，玉桂光浮书伴月。

槎江腾紫气，锦屏瑞霭笔生花。

---

① 按：李焘任湖广按察使司时题写。

第四节　摩崖石刻

福建泉州风动石

　　焘公在隆庆三年任福建泉州府推官，主管刑律司法。在泉州城东门外有一座小山，称"灵山"。相传唐武德年间，伊斯兰教教主穆罕默德派遣门徒来泉州传教，后卒于泉州，葬于此山。相传山显灵光，故名灵山。圣墓对面 100 米处，有一磐石，上有巨石矗立，名"风动石"。

　　隆庆四年除夕前一日，焘公与泉州知府朱炳如冒雪出城郭至灵山，寻访"思所"未遇，二人各留绝句二首。隆庆五年秋，泉州府主簿张训刻于"风动石"上。因所刻字体一致，疑是张训刻石时书。

　　　除夕前一日，冲雪出郭，思所未遇，各咏二绝
　　　　白云长日对灵山，中有仙人自往还。
　　　　我欲从之踪迹渺，岩僧指点翠微间。

　　　　凌风跃马到空山，所谓伊人去未还。
　　　　独坐书斋谁是主，令人吟望海云间。

白野朱炳如

硕人高蹈隐灵山，闻说群仙日往还。

愧我嚣尘犹未脱，无缘晤语白云间。

对酌清樽看暮山，硕人尚未杖藜还。

荒村寂寞烟霞杳，空有梅花满谷间。

斗野李焘

隆庆五年秋主簿张训刻

思所即尤烈，字子伟，思所为其号，晋江人，明嘉靖二十九年（1550）进士，历官安徽祁门知县、南京都察院经历、户部员外郎、礼部郎中、江西佥事，因不满官场争斗，愤然辞官。后再起用云南参议，决然不出。他性甘淡泊，栖身于诸岩壑山水间，最后寄居泉州东禅寺。

朱炳如，字仲南，号白野，衡阳人。明嘉靖三十八年（1559年）中进士，隆庆三年（1569年）以御史出任泉州知府。任职3年，不带家眷，独自上任。廉洁自律，清贫自守。其为政重教化、轻刑罚。其卒后，身后无长物，一生廉洁。幸好焘公时任衡州府知府，亲为其主理丧事，建置坊表，并立祭田110亩奉祀。

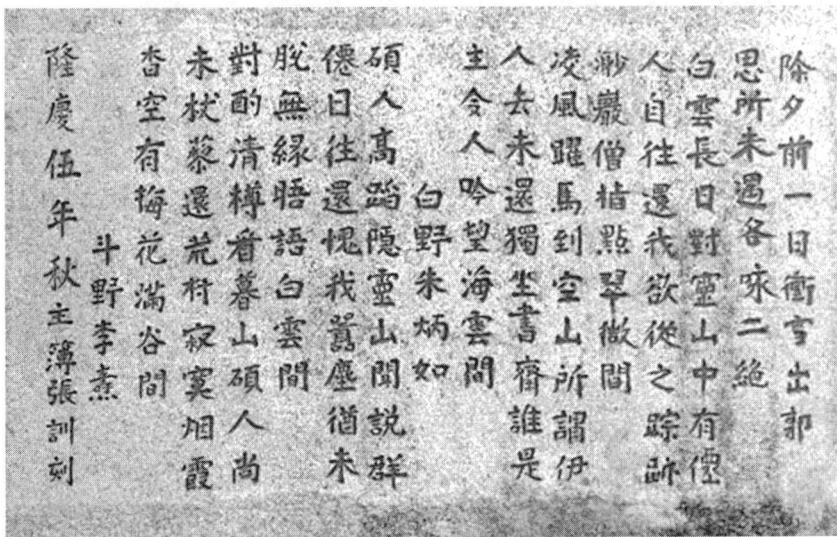

福建泉州风动石

　　熹公与泉州知府朱炳如寻访"思所"未遇，各留绝句二首。后由泉州府主簿张训刻于"风动石"上。

广东连平大嵩径

大嵩迳记

明兴二百二十余年，文武并用，教化隆治。即五岭虽在万里外，而深山穷谷之民，莫不治田耕山，以饱以嬉。

上犹安不忘危、虑不遗远。顷谕科臣之议，申严保甲。制府陈公，责成州县正官，裹粮单骑，糜乡不到。周公炳奉委，直抵九连山野鸭潭查编，绳绳然、井井然，相保相维，悉在光天化日之中矣。

忠信巡检郑德应，以野鸭潭内入九连、外通油溪，而实为咽喉之路，遂捐俸募工开辟，坦然宽平，骑者、舆者、老者、担者，欢声载途。呜呼！昔正德末年，野鸭潭为盗贼窟穴；嘉靖末，九连山菁徒啸聚为乱薮。及奏闻，发大兵，始剿平之通者。圣天子绥之以文教，遂使盗薮化为善地，菁徒咸就编氓。吾父老子弟得优游于皇路以享升平之福者，上之赐也，其可忘乎？

制府（陈）公蘷，湖广应城人；周令，浙江上虞人；郑巡检，福建长乐人。

万历二十二年岁次甲午九月吉旦，邑人参政李焘记。

湖南衡山洗衲石

湖南衡山洗衲石，位于南岳衡山（湖南）莲花峰之中。四面峰峦拥抱，环绕如城，形似千瓣莲花，寺基则在莲房上。为唐代古刹，唐宋时香火甚盛，游人不绝。今已颓废，然规模犹依稀可观，殿上佛像修伟，可见旧时盛况。寺周森林蓊翳，荫蔽天日，泉流竹树间，冷然清澈。寺之西面，林泉夹道，有洗衲石、补衲石，为梁代惠海尊者洗补衲处衣之遗迹。

洗衲石，石平向，泉水逸其上，薄流清驶，如可洗濯，即惠海尊者洗濯处也。太守海南李焘斗野镌其上。

云南安宁虚明洞、九曲龙窝

万历四十六年戊午（1618 年）春，在云南安宁螳螂川环云崖的石壁上题字"虚明洞"。当年秋，在离"虚明洞"摩崖 600 米左右的地方，题"九曲龙窝"4 字。

据当地资料介绍：历史上，螳螂川两岸青山翠绿，苍松古柏间于杂树灌木中。纤葛蔓萝，茵茵绿草，形成多层次的植被，使这里气候温暖湿润。东岸凤山松披翠羽，岭展锦翅，望空欲飞；西岸龙山，脉走蜿蜒，爪伸江岸，俯视螳川。螳螂川水滚滚北流，湍急的江水不断冲刷拍打，形成了许多幽洞奇石,危峰峭壁。江边峭壁嶙峋,若猿若马,似狮如象。浪打江岸,澎湃有声,深为名人、学者所推崇。因此,在石壁上镌刻着明、清、民国时期遨游温泉的墨客骚人、学者名流盛赞温泉的长歌短句,或大或小,或粗或细,行、楷、草、隶应有尽有,如珠玑遍落,琳琅满目,形成了130多幅内容丰富、规模宏大的摩崖石刻群。

九曲龙窝

万历戊午

安宁温泉摩崖石刻古碑集

明代·摩崖石刻

九曲龙窝
明（公元1618年）
万历戊午秋岭商斗野书
拓片 100cm × 1000cm　行楷

颖南斗野书

萬歷戊午

注 释：

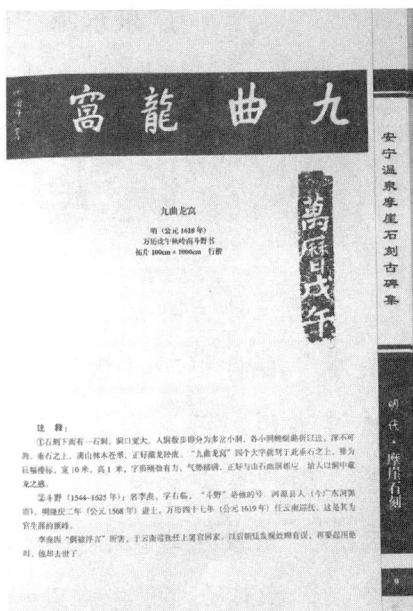

云南安宁螳螂川环云崖石刻群遗存的题壁及当地史料。

安宁温泉

广东东源"通天岩"考略

万历三十七年己酉（1609年），春夏之交，焘公与戴燿乘舟游览东江沿岸。戴燿为焘公题"通天岩"3个大字，今存。

万历三十六年底，兵部尚书、两广总督戴燿，因广西"钦州失事"事件被朝廷撤职，后复官。于万历三十七年春夏之季游惠州、河源等地，与焘公同游。时任湖广按察使的焘公，因"楚宗之乱"事件不满朝廷定性为"叛乱"，认为楚宗藩无叛逆之心，不宜动用五路军队，更不宜对附和的楚宗藩牵连众多，并施以极刑，扩大事端性质，因而罢官，于万历三十四年春夏之季退隐河源。

在今东源县仙塘镇泥坑东方红村有一处岩洞，洞内有"通天岩"石刻，石刻的上款为"总督两广军务少保兵部尚书凤岐戴燿为"，下款是"同年斗野居士前湖广按察使李焘题，明万历己酉夏勒石"。

焘公与戴燿同游东江、惠州西湖，留有诗。《陪戴大司马游西湖》："今朝节钺下楼船，昨夜风涛已宴然。白鹤晴光摇锦席，朱明霁色入琼筵。长桥候骑天中度，孤屿移舟镜里悬。司马壮游情不浅，风流应并长公传。"还有《陪戴大司马年丈泛舟自宝江至歌唐石游仙女岩》："控辞兵柄解金貂，便着荷衣问寂寥。望阙崖前归节钺，乘槎江上混渔樵。玲珑石室疑三岛，突兀云房讶九霄。青鬓几时皆白发，好骖鸾鹤此逍遥。"

　　万历三十七年
己酉（1609年），
春夏之交，紊公与
兵部尚书、两广总
督戴燿乘舟游览东
江沿岸，戴燿为紊
公题"通天岩"3
个大字，在现东源
县仙塘镇泥坑东方
红村一处岩洞内。

广西贵港龙岩洞

在广西贵港市大圩镇龙岩，有一个龙岩洞，位于贵港市城区东 25 公里的大圩镇南郊附近的龙岩山西面半山腰上。此洞府门高约 4 米，门额上镌刻着明万历年间李焘的题字"龙岩洞"。

此洞为佛教道场，洞内洞顶圆如华盖，滑无纤尘。洞高 15 米，宽 2500 多平方米，可容千余人。洞内空阔明爽，奇景甚多。

据《贵县志》卷十四载：明李焘"龙岩洞"摩崖，在县东五十里龙岩山，正书，存。"龙岩洞"三字横列，字大一尺余，两侧有"万历庚寅岁，觐（岭）南李焘书"诸字。

另有《明鼎建龙岩碑文》："明万历间，有县人黄珊，号龙岩者，悦斯岩之胜，独力修治，未竟而卒。其子用臣，号慕岩，自号'禅门素食子'，继承先志，披剃于此。修道路、辟榛莽。复得本道李公、贵县知县林朝钥及信众之助，不一二岁，岩内外焕然改观。"

"龙岩洞"三字题于万历庚寅（1590 年，即万历十八年）。万历年间，黄氏父子前后相继开辟为佛家道场，时焘公任广西参政、左江道。助道场之工并题字。从现在的图片看，似乎落款与志书有不同，或是重修后的结果。

"龙岩洞"及入口处和当地政府为之设立的文物保护标志。

第三章　才德双馨　时人推重

　　勤政善政之能臣？诗书风流之名士？醉心山水之隐者？古道热肠之朋友？心系桑梓之归人？都是他，是不同侧面的他，是同一钻石的不同折面，是同一绿树的各个枝丫，是同一湖泊的不同深度。

　　在与同僚亲友的往来书信、和诗、赠序中，我们看到一个学问渊博、机谋善断、正直谦逊又温雅淡泊的李焘。他关心百姓，孝敬亲长，关心朋友，提点后辈。他才德双馨，高风亮节，把温暖和善意带给了身边的人，用智慧和真情守护一方平安、黎庶福泽。这些同僚亲友与之往来的信札、酬唱的诗文，给予李焘高度的评价，表达了对他由衷的欣赏和敬仰，字里行间也渗透着感人的真情。

　　正是：

　　　　　　　　光风霁月，谦谦君子。

　　　　　　　　芝兰其人，珠玉其文。

　　　　　　　　高士酬唱，真情流转。

　　　　　　　　德垂后世，时人景仰。

第一节 诗文

郡推李公奏绩序

黄凤翔①

古今所称循吏，率以良守令当之。夫吏遵职循理，譬则御之衔辔，匠之绳墨，循而奉之。故控纵如意而疾徐应心，岂惟守与令宜尔哉！史迁氏作《循吏传》，上下数千载间，如单父中牟、晋阳漳邺，诸良令悉未遑标纪。乃至《铸刑书》之郑侨、石奢；李离之坚直廉正，不挠法私，其身得褒。然简编贻声，光于后禩，此其意渊乎微矣！今夫啴缓□好莫和于乐；武健击断莫峻于刑。兹二者相辽若苍与素，顾黄钟、大吕诸管，名之曰"律"。法家理官氏筦三千之属，亦名之曰"律"。是遵何说也？语有之"良莠弗锄，嘉谷弗长；奸宄弗戢，良善弗安"。先王悬祥刑以惠嘉师，其禁罔严密，易避难犯。弗以强豪假贷；弗以私臆低仰，比

---

① 黄凤翔，字鸣周，晋江人，隆庆二年进士。授编修，《世宗实录》成，进修撰。万历五年，张居正夺情，杖诸谏者。凤翔不平，诵言于朝，编纂章奏，尽载诸谏疏。及居正二子会试，示意凤翔，峻却却之。主南畿试，以王篆欲私其子，复谢不往。屡迁南京国子祭酒。省母归，起补北监。寻擢礼部右侍郎，廷臣争建储，久未得命，帝谕阁臣以明春举行。大学士王家屏出语礼部，凤翔与尚书于慎行、左侍郎李长春以册立议上，帝怒，俱夺俸。凤翔又疏争，不报，遂请告去。万历二十年，礼部左侍郎韩世能去，张一桂未任而卒，复起凤翔代之。寻改吏部，拜南京礼部尚书，以养亲归。再起故官，力以亲老辞。久之母卒，遂不出，卒于家。天启初，谥文简。

附校核如程铢两、较合龠，而累之于秬黍。乃其哀矜恻怛，刑期无刑，德意旁流，不啻太和之溢荡已，又孰谓法家理官不得名循吏也？史迁氏之《传》有旨哉！

粤东李公，司理吾郡者三阅载矣。公性素方严持重，临事善断，而操之以廉平。两造在前，辄出片言立剖之。吏胥抱牒受成，不敢摄一眦、掉一吻为舞文计。即单词撅说为公得情者，咸自谓不枉。而公犹盎然，哀矜勿喜之念也。盖自莅事以来，察不为钩距，严不为挚击，而闾阎无韩孺翁伯之侠；巨姓无嗰氏原褚之豪；闽郡有于公张尉之颂，即令史氏握管而传循吏，舍公其奚以矣。台使者廉公贤，恒借视邑篆，闽中有大谳议，必移公主之。所至颂德，口碑籍甚，岂第智效一官、泽被一郡而止哉！

公今且以奏绩行矣。先是，郡大夫无论长贰，凡以职事满考者，上功状。两台差次其治行，操牍驰奏，移状于铨司，未始诣阙下也。诣阙下，自顷岁始，夫一郡之兵刑钱谷亦繁伙矣。自郡丞而下，各有司存，每邑令长缺，辄复檄以摄令，此宁有冗散余闲哉！圣天子端居九重，明见万里，环中外效职之吏，良苦勤惰，可以烛照衡度，而徒令虚旷职守，驰骋修途，此何益殿最矣？迩台臣建白，请许陪京诸臣移牒上绩，期在祛费养廉，省弥文、图实效。顾格于部议，竟报闻罢，欲破拘挛之说，难哉！今此吾郡士民所为依恋怅望，而不能旦夕释公者也。郡邑文学博士区君辈，诣黄生请言为公贺。黄生方乞假里居，盖于公德政，日濡染而渥承之，因谬为序述如此，非黄生之言，而七邑士民之言也。［出处：
黄凤翔《田亭草·卷二》］

李郡理考绩序

李维祯

　　岭南李公，理吾郡三年，而摄行守事居半，又数摄诸
剧邑，于民谣俗疾苦，曙晰秋毫。其为人沉密靓慎，颦笑
不轻借人，而事至理，解节适，庭无舞文，里无豪右，市
无恶少年。郡七属，若他郡质成，两造大氐无虑数十百人，
片刻□□不顷时。而竟中人榷税未罢。陵工复举，徭赋重，
仍岁比大水，堤防之费日钜且艰。公调剂轻重缓急，触征
发赈，恤灾捍患，以是孑遗之民，不忍去公宇下而为异乡殍。
会公上计，台使者书上，考奏下铨曹，具言公课最，与台使合。
按令甲锡之敕命，而疏封太公如公官，太君及伉俪为孺人。
上报可，官属士民踊跃相庆，以为上幸。念汤沐不遍峻陟，
公以夺所倚庇，而又体公推恩所自出，禄养善养胥效之两
尊人，公四牡倭迟，无陟岵屺，不遑将之思以终造此一方，
民上下之交抑，何其诉合也欤？人之诵，盖洋洋乎盈耳哉！

　　尝读诗《召南》"蔽芾甘棠，勿剪勿伐，召伯所茇"，
郑氏笺谓"召伯听男女之讼，不重烦劳百姓，止舍小棠之
下而听断焉。国人被其德、说其化、思其人、敬其树"而
作是诗，其地在江沱汶广间，即吾郡四履也。公官职专听讼，
其不烦劳民，善断类召公，而上摄郡、下摄邑，所锡福民，

不啻听讼一端。公政成则民乐，成公显亲扬名则民为之名；公受社燕喜则民喜色相告，涂歌户吟，江汉王风庶几比于成周，岂惟吾郡之光？夫召公历文武、成康，光辅太平相业由江汉始。公行"登文石之陛，涉赤墀之涂，当户牖之法坐"，经邦论道以领天下，亦于吾郡始基之耳！召南诗有《野麕》郑子皮之享，晋赵孟也赋其《卒章》，赵孟赋《棠棣》且曰："吾兄弟比以安，庞也可使无吠。"不佞方有晋之役，而诸弟谋所展贺于公者，因赋是诗以见志，则不佞兄弟私言耳，非郡人所以戴公与公所以负天下望之大全也。[出处：李维祯《大泌山房集》卷五十，续序]

纶褒双寿十篇为李缮部若临赋（并序）

周光镐

儒业篇

制语曰："士之子，恒为士，言儒业之相承也。"奉直公以经术起家，邑人宗之。一传而为缮部大夫，盖业以世显矣。爰赋儒业：

皇风翼圣教，弥弥浃海宇。逖矣粤南天，汤穆称良土。世业孰不营，呫哔亦何窳。猗惟子大夫，嘐嘐日道古。矫矫奋章缝，堂室跻邹鲁。棫朴遘昌期，黼黻克天府。良矣贻弓裘，荣哉服珪组。惟兹君子躬，三命鞠如俯。

志行篇

制语曰："砥砺志行，不求禄仕。"盖嘉奉直公所养也。公学贞于志，孝醇于行，盖鸣阴之声，和而闻者远矣。爰赋志行：

海国有佳人，清时在空谷。栖志入渊冥，秉尚遡玄穆。含厥楚生真，抱彼陵阳璞。岂其忘所需，念兹惟我鞠。母氏履坚霜，贻教贞而淑。惟君益砥修，遗荣谢车毂。所愿志匪亏，升斗胡朴橄。淳风久已颓，钦此有趑趄。

孝敬篇

制语曰："孝敬奉慈闱之养。"盖奉直公以岁荐上公交车，时母年云迈矣，遂不调选以归，旦夕甘旨承欢，人咸曰禄养不如善养云。爰赋孝敬：

谒帝入承明，拂衣返故疆。策名分匪微，将母念不遑。方其涉屺时，涕泪沾衣裳。乌乌异方啼，白云正孤翔。谁无万里心，倚门情则伤。三釜养亦荣，绝裾一何戕。所以脱屣归，菽水乐未央。

信义篇

制语曰："信义解闾里之争。"盖言奉直公居约时，释曾田与上管巚之鬪也。事甚烈，里人至今多之。爰赋信义：

烈烈高士风，伊余闻自昔。遘彼溟海祲，盗弄潢池赤。闾里一何愚，戈鋋奋躐踯。无论剥肤灾，宁异关弓射。谕之慨且慷，立令销锋镝。岂彼俄顷间，信义良所积。古人不我欺，豚鱼诚且格。

教子篇

制语曰："教诲子弟，敦切忘倦。"盖嘉封大夫之作则也。

爰赋教子:

芃芃万卉滋,美植惟嘉谷,胡世种者非,苞稂被原陆。伊余观哲人,耘籽务以淑。敷蕃既已勤,岁取油而□。故兹髦士蒸,养之以鼎铼。岂比灭裂徒,町畦徒有菽。

扬庥篇

制语曰:"食报于今,扬庥于后。"盖言前美既彰,后传滋盛,封君之于大夫,允相成矣。爰赋杨庥:

之子慕荣仕,非为华其躬。翳彼笃生人,流庆一何丰。诞毓斯贤哲,从事秉靖恭。帝用宠眷之,章服显以融。主恩犹未已,大夫方守邦。秩比二千石,四牡正彭彭。岂其偶得之,笃类自无穷。懿德积则宣,铄哉石氏风。

解佩篇

制语曰:"有解佩之谊以相夫子。"盖言马宜人微时拮据,佐奉直公学,解衿结庇供具以需过从者,以故学成而名益显。盖实内襄之贤云。爰赋解佩:

嗟哉女中彦,委委多令德。肃肃君子逑,缟綦闲维则。矢言相夫君,勤劬忘晏昵。愿当君子心,杂佩匪所惜。象服既以宜,鸡鸣儆益力。故兹彤管音,一朝下南国。

樛木篇

制语曰:"有樛木之风以昌嗣人。"盖言宜人有逮下之德,贤声中周南矣。爰赋樛木:

国风久不作,贞教日如靡。罍罍彼丈夫,骨肉如枝指。如何姆氏流,□善类姬姒。穆穆诸媵心,振振宜孙子。彼

垣崇于基，彼衣韧于裹。德兮既好修，绥之自福履。载睹
螽斯篇，嗣音于葛蕌。

永绥篇

制语曰："眉寿具庆。"盖嘉子大夫之勋劳，而推其所生，
锡之无已。即诗人天子命之，福禄申之之意也。爰赋永绥：

帝命布遐壤，褒命介微臣。宠之五花篇，彼以佩玉绅。
照耀遍海隅，丁宁出丝纶。嬛嬛岩穴叟，遭际庆兹辰。雷
奋无枯荄，龙与无潜鳞。之子方从事，鞠躬分未申。屹岾
匪无私，义命所当循。康爵时正修，宠眷日以新。愿奉双
白髪，亿载颂皇仁。

具庆篇

制语曰："眉寿具庆。"盖嘉奉直公偕马宜人跻于耆耋，
介兹禄养，即睹世所希有也。爰赋具庆：

巍巍庭中树，菀菀堂前萱。盈盈秋露滋，灼灼朝日暾。
感此清穆时，眷言奉所尊。丹霞拥朱毂，章服御华轩。瑶
佩日色辉，冠盖云中屯。堂罗玉麟羞，户刻椒柏樽。宾客
前致寿，主人正怡颜。稽首载称觞，优渥介皇恩。［出处：
周光镐《明农山堂集》卷一］

留别斗野李寅丈序

骆问礼

今天下言学道者，不曰陈白沙则曰王阳明。二氏之学，
皆祖陆象山，象山之学，视朱晦庵颇偏。在当时，虽两不相

下，后世已有定论。而二氏者出，复阐扬其说，以为独得千古之秘，而天下且翕然宗之，即名公巨卿，莫不拾其牙颊，同然一词。以晦翁为支离，吐之不殊糟粕，而二氏之徒，亦未始相下。为白沙之说者非阳明，为阳明之说者非白沙。而至于今，则二氏之徒合为一家，而王氏之说尤盛，不言颜子之博约，而惟言曾子之一贯。一入其群，即以圣贤相许，以晋人之清谈，袭汉人之标榜，虽屠沽释老，不暇区别，而独排晦翁。逮其说之既穷，则又以朱、陆原无二学。阳明之道，初不异于晦翁，而旋踵又谓六经皆我脚注，虽孔子亦将在所不足法，特不敢明言之耳。呜呼！彼徒见世之儒者，夸多斗靡而无益于身心性命，以为不若二氏之得其要也。以佛老之精微，砭末俗之流弊，奚翅二氏之为要然？此岂朱子教之然哉？不善学朱子焉耳！以朱子之说，求孔子之道，犹以玑衡而测七政；犹以耕稼而望五谷；犹以牺黄之本草而辨药物之性。虽万世有不可易者，顾人不能尽其说、践其实焉耳！

河源李若临，与予同官南职方，政暇论学，必以朱子为的，而且英年锐志，循循不息。夫若临于白沙为乡人，犹予之于阳明也！予没溺于阳明之说，几不能出。今发且半白矣，始知专宗朱子。而以公之年即能确然不为异说所惑，此岂寻常可及者？夫人患无志，有志矣，患不正；有志且正矣，岁或不我与。以若临之志，学而得其正，且以其年之方富，由是而不已，其功后之所至，有不可量者。一洒朱子之支离，世未必无人，而若临不当以自逊矣！予患多言，若临每以规，予方欲缄口，而复为是说。重别也有由，回赠处之义焉。若临倘不以余言为过，岂无所以益我者？既促装，爰执简以俟。〔出处：明·骆问礼《万一楼集》卷三十五，清嘉庆活字本〕

通家子记

骆问礼

方今仕宦子弟彼此俱称"通家生"，予壹不知"通家"之所由名也。夫四海九州岛岛地未必同，其祖父之仕宦时与迹未必同。幸而同矣，其志向未必同。而胄裔率以通家称，得无未近于情耶。窃闻先辈风流可法，一时宦迹所至，其子弟无问少长，朝夕起居，考问德业，不间阃以内，其在上一以父兄之礼自居，其在下一以子弟之礼自执。义同骨肉，即有一二未必然者，不欲遽尔区别。呜呼，三代而下，汉唐暨宋，其风俗可谓厚矣！朝出肺肝，暮且堕井而落石者有之，况其子若孙能不忘世讲如今日哉！即其中未必尽无崖岸而循名责实，亦未必皆废礼而存羊，此固汉唐以来所不多闻也。特余生僻壤而入仕籍，更晚不获睹此休美，疑冰吠日有自来矣。

岁万历乙亥，留都部曹诸公[①]极一时盛，且修先辈故事，易子而课，旬为一会，各因所至，考其最殿而摩砺之。礼部蒲州冯竹坪公子，大者名撝谦，年十六；小者劳谦，才七岁尔。

---

① 曹时聘，字希尹，号嗣山，北直获鹿人，隆庆庚午举人，辛未进士。

我兵部则兴业何铁楼①公子右、雍，获鹿曹嗣山子应征、应召。右年十四、征年十二，而雍及召与劳谦同岁。河源李斗野子树桢年十，武进史禹门子志实少树桢二年，而吏部泾阳雒泾坡孙献瑞亦七岁矣。又上元俞邦揆年十八，羽林前卫李承宗年十七，盖诸公教诸子馆客之也。子一日会于泾坡②公宅，凡会，门者必谢客。予闯而入，揖罢，各询其姓名，貌其气象，长者彬彬，幼者趌趌，虽状各不同，莫不可喜。随阅其课，若就斥之木石，名花之蓓蕾，虽形质之大小，精粗异齐，而体段已具，知其必为令美登明堂植上林。虽未必尽同，而其不为樗栎豫可知矣。顾今日熏陶摩砺，油然一堂，异日各称之曰通家，通家是岂不近于情者耶？叹美久之，坐定，予顾诸公曰："犁牛之子固骍且角与。"诸公大笑，同词而起曰："亦虎父生虎子尔。"予复正色曰："信哉然，跨灶者多矣！"哄然而别。夜坐小斋，念慕不已，为作《通家子记》。夫通家之名，世孰不称之？未必有其实也，诸公既能修其实，而诸子之材质又足以济，其休美前辈风流之盛，于此复见。顾他日不使予言为饰且赘，是在诸子而已。泾坡子庠生于仁亦在座，于翰虽留家而席有课文。予得览之，似不减乃兄风味。顾予豚犬二，长先行，次中行，皆失教，且代予事父母于家。虽诸公爱我特切，不得令之侧，受摩砺之益，他日又可漫窃通家之名耶！爰书一通，授之，使知闻风向慕，亦且将召之来矣。［出处：明·骆问礼《万一楼集》，清嘉庆活字本］

---

① 何敦复，字铁楼，广西兴业县举人。
② 雒遵，字道行，号泾坡，嘉靖乙丑进士。

复李斗野书

杨起元

国家煮海之利，居田赋之半，商灶之苦甚于民，而及其不逞也，比之田野揭竿者亦甚焉。其所天者在都运，必得君子主之，然后能恤灶通商，百姓劝而财用足。足下能其任满三载，良可贺也。即此便是道学，岂外此而别有道？又岂外此而他有学哉？

弟向日妄有所陈劝者，诚见足下资性操履都与道合，至道甚易。夫方曰都与道合矣，曷又云至道甚易？此却别有说也。虽云有说，实亦无多说，大抵弟不欲足下以司马温公辈人自限耳。今足下云："使人人而皆可语道学，则白沙之门亦不足重。"弟虽未测此意，然就二语思之，似谓未必人人皆可语道学也；又似谓非人所易，然后见道学之难也。顾以弟之所闻于古训，其实不然。孟子曰："人皆可以为尧舜。"是实以人人皆可为尧舜也。尧舜之时，非独尧舜为然，其时在庭者皆圣贤也。又非独在庭者为然，在野者比屋皆可封也。是果何修而致是哉？或者归于气运之隆，殆非然也。盖尧克明俊德以亲九族，而族无不睦；又以此而平章百姓，而百姓无不昭明；又以此而协和万邦，为之于变时雍。舜亦以其孝友之德克谐于家，又以此而成聚、成邑、成都，以此而风动四方，则皆此学为之也。当此之时，天下不知有圣贤之名，而又焉知圣贤之为重？譬之天有日月星辰，光辉照临天下，以为固然而不以为宝。

呜呼！此所以为唐虞之盛也。

自世衰道降，而后天下知有圣贤。自圣贤之道不尽明于世也，而后圣贤重。圣贤之重也，是世道之衰也。虽然，其责固在人，苟有能明此学者，必将引同志以共明之。由寡及众，由近及远，由一时及后世，但得其机不息、其种不绝，虽回世道于淳古无难也。吾乡白沙先生，亦不过继续先圣先贤之脉耳。白沙出，则先圣贤不死矣。吾人今日奋然有立，亦所以继续白沙先生之脉，使白沙不死也。白沙不死，先圣贤不死，总是人心之不死也。人心不死，犹火种之藏于邓林也，会有燎原之日，敢云世道遂衰不复见唐虞之盛哉！

足下谓当时及门之徒，犹有未得其传者，而有待于不肖。顾弟何人，遂谓得其传哉？未之逮也！特有志焉，而自畏其绵力之不胜，故不避狂妄而辄有所劝于足下，幸足下之留意也。夫足下之人品高矣，弟所素仰也。然谓足下即圣贤乎？是谀也。谓圣贤不过如此而遂可以不学乎？又诬也。要之，圣贤决有圣贤之学，而足下实可以为圣贤之人。足下必不肯自谓已至圣贤，无所事学也，特未曾动念耳。即足下不动念为圣贤，然亦何尝不作圣贤事。但以是而自安，则司马温公人品亦未为不可也，弟何敢固以为劝哉！

［出处：杨起元《证学篇》卷二］

复李焘书

杨起元

弟处教下二十年矣。丈之为君子也，得于见。封君之德之盛也，得于闻。然安能及知令祖之德哉！弟今而后知河源李氏种德之深远也；而后知天道之报应善人如影响也；而后知国家褒扬臣下之祖父之应于天道也，盖弟之承乏代言也。窃获进其所学，于是见仁人孝子之情焉；于是见当世贤人君子之德焉；于是见微必显之道焉；于是见即显彰微之理焉；于是见王以孝治天下之经焉；于是见父子祖孙通为一体之真焉；于是见无始无终之运焉；于是见明礼乐幽鬼神之致焉；于是乎可以进学，可以复古，可以重人道，可以明宗合族，可以兴礼乐，可以佑鬼神，可以位天地、育万物，可以致四灵而无所不格。嗟乎！非丈之通朗，孰能信斯言之不诬哉？《礼》曰："显扬先祖。所以崇孝也。"承命表令祖墓，安敢以不能为辞？腆仪本不敢当，知弗受不足以满丈之志也。夫辞物是辞表也，辞表是辞孝也，则孝安可辞哉！敬拜登矣，谨此肃谢。［出处：明·杨起元《杨复所先生家藏文集》，明崇祯杨见晙等刻本，卷七］

叶梦熊致李焘书信

叶梦熊

弟尝味"可欲之为善"，不独人心，即天道亦然矣。

每诸缙绅谈及翁丈，即津津称服不已，可以观人心。而诸福骈臻，吉庆盈门，则天道可知。此弟所欣美慕，执鞭而不能者也。西省藩伯之劳，未足以尽酬勋业。独喜便道画锦，以奉两寿仙[1]而群嗣英贤环膝欢聚，此盖盛世无双，而罗浮、桂岭若增高者矣。弟鄙陋无比，蒙爱独深，而顽子复得僭依门墙，皆沾余福，亦此生之奇逢哉！乃栖迟济上，[2]未获躬申贺，叩为罪。

泷门隐居记

李维桢

李观察若临，所至有清白亢直声，而坐是宦不达。筮仕郡理，稍迁郡丞，为陪京郎。知衡州府，复抗柄臣，左官长芦都运。久之，迁参知粤右政事，以父丧归，念其母老，不复出，卜筑泷门隐居焉。凡十余年，母卒。甫除楚，稍迁长枭事，坐议楚宗狱，与台臣龃龉，罢归。今又七年，而泷门之居益治矣。居距河源二十里，山曰桂山，水曰泷水，丰、槎两江会隈中，一石突出，高五十余尺，广半之。去之数武，又一石高广当其半，双峙如门，故名"泷门"焉。水砯石而怒，汩急漂疾，砰磅訇磕，其声与态万状。而庐

---

① "独喜便道画锦，以奉两寿仙"，可知叶梦熊知悉李焘便道归省。该书作应作于是年七月后。

② "乃栖迟济上"，济即山东济南。可知信作于叶梦熊由山东布政司右布政使任擢升贵州巡抚之时，时为万历十七年底。

朝莫有之，总而名之曰"水石庐"。庐左有石，覆之如龟，其下可布函丈席，龟千岁巢莲叶上。洪水时，民上者为巢，名之曰"龟气"。巢之颠有岩，可远望，岁时登而北眺长安，思所以有此水石（庐）之筑者，实惟上恩稽首而祝。

天子万年，因名之曰"万年"。岩庐之后有"千岁楼"。楚狱之兴也，若临独明其不反，至以去就争之。诸王若襄、若吉故善若临而惋惜之，是乃以我宗人故失职。而闻其家无长物，使使问遗之，若临辞之不可，以构楼而名之曰"千岁"，示不忘也。

庐前有池，石堤四周象芙蓉，名之曰"芙蓉池"。其纤曲可以流觞，水则发源于桂山之青牛迳，历豸岩、制府湖、大中廛，凡三十余里而后入池，蓋若临尊公倡议迁城而引水为隍。名之曰大中廛者，尊公所封官也；名之曰豸岩者，以直指刘公会故；名之曰制府湖者，以制府陈公大科、陈公蕖、戴公耀故，皆有功于城与河者。河名之曰新河，负城有池，名之曰八卦，皆与芙蓉池相通。傍庐之山，植松杉万余株，四时郁然。地稍夷旷，植桐、植梓、植茶、植橘柚、植蔬，可以具樵苏、可以供器用。客至可以啜清茗、可以食嘉果、可以荐旨蓄，而隐居之乐事毕矣。

余尝读左太冲诗："杖策招隐士，荒涂横古今。"其指与唐人"江湖满地一渔翁，林下何曾见一人"同，而所酝藉温醉深远矣。出处何常惟时之适？出无裨于世，而借口行义以济患得之私；处不安于野，而窃附高隐以为趋捷之径，斯足羞矣！若临当盛年不孟晋而迨群，当晚岁不倒行而逆施，廉正自将所如，不合而即安于泷门之居，为德其乡甚伙。所居因高于山、因下于水、因材于土之所宜，无一钜丽奇诡之观，素位而行，君子哉！太冲讷于口谈，赖于内悟，不就记室，终老冀州，其诗有曰："振衣千仞岗，濯足万里流。爵服无常玩，好恶有屈伸。峭蒨青葱间，竹柏得其真。"夫非见道之言哉？若临趋尚，与其精庐景物有相类者，因与公子成白谈而记之，如以为若临粉饰，余则何敢？且非若临意也。［出处：明·李维桢《大泌山房集》卷五十七，明万历三十九年］

惠州府察院义仓记

刘　会

岁乙未冬十月，余从潮之凤城且按惠，途中褰帷一望，赤地千里。问米价，则比于潮倍涌矣，余不胜恻然。适座师李斗野公相见舟中，具述闾阎困苦状，且云："闻之潮鲁置义仓也，毋我惠独后。"余曰："唯唯。"时岭东道蔡宪副亦自途来谒，复言民间流移徙亡者甚众，情见乎词，忧形于色。余惟大祲，如今即束手枵腹，而公庚鲁不佐急之十一，补牢于亡羊，计犹未晚乎！遂檄郡邑亟置仓如潮故事。于是，创于郡城者三，其归博等十县随大小置有差。而河源又有一学仓焉，则余师教之也。仓共十四所，贮谷凡六千七百石有奇，维时知府程有守、同知丘一鹏、推官廖如龙皆经营始事，而两通判以后至兹郡仓，则督粮通判司之矣。因记其事。

送李斗野藩伯入觐序

王元翰①

任天下事果难哉？人能以治家之心治之，而天下治矣。任天下事果易哉？人不以治家之心共治之，则天下不治矣。何者？譬之人家祖宗，立有一定之家法，子孙当世世守之，为家督者，必左右维护之，使其子孙勿逢灾害。而计及于钱谷之出纳也，宾旅之往来也，门户之启闭也，利害之久近巨细也，孰非督家政者所悉心而擘画耶？然则今之垒垒若若者，畴非家督耶？而今之为家督者，抑皆视国事如家事耶？此其间有识焉。从淡泊中生明，以灼群疑之覆，此其间有力焉。从宁静中致远，足祛积玩之根，自非学问之渊源有自，渐摩有年，总属泛精游气，未可语此。尝执是以衡天下士，如吾邦伯斗野李公其人者。

吾知公盖自楚事始。方，楚宗之跳噪也，人具知其有大，不获已者，据其衷。当事者慰解之，不善至逢，其怒而益逞。然特逞耳，非叛也，故以叛拉入之，曾不得列齐民而当辜。夫楚宗高皇帝之子孙也，高皇帝之子孙不市刑，明训森严，谁敢奸之？公所以不能堪而决一去也。未几，公去而楚宗刑陵寝，震惊，坏二百年家法。公去而楚狱明，朝野讼冤，

---

① 王元翰，字伯举，云南宁州人。万历二十九年（1601年）进士，选庶吉士。万历三十四年（1606年）改吏科给事中。元翰据言路，意气凌厉，以谏诤名于时，不畏权贵，极言时弊。《明史》有传。

想南海公风裁。则公以一身之去就，培王国之脉络，身在事而议论存，身去事而冤滥雪，其人为何如哉？斯时，识与不识咸欲识公得荫宇下。

为幸主上注念远方，拔公布政滇省，寻晋左。至则庞眉皓发、鹤姿酡颜，望之如蓬岛中人。而英敏出以安详，敦大运以精核。积注释为之一空，凤弊为之顿扫。细及一钱一票，靡不迎刃中窾，各剔其憾以去。因念曰：滇之为滇，其可虑乎？法令空疎，盗贼满地。有宋而上，倏通倏塞、或断或连，岂非以其孤绝，若悬九鼎于一线，置之万里外乎？倘或乘我缓急，以丸泥咽鬼方，滇又在玉斧外矣。故脱辐以来，孜孜讲求开道一事。于是乎取道西粤；于是乎借费卤井；于是乎择人相之；于是乎度地图之，轻重布之，心目俱竭。以新井之出供新路，既不苦无米之炊。借夷官之欲辟夷方，又适中乎用夷之法，百年筑舍之议，公毅然以身任之。譬之人家居室，设前门以通宾，必开后户以避警，然后趋避便而主人赖焉。今开路之役何以异？此明者见于未然，闇者捄于事后。在《易》之"盅"曰："盅，元亨利，涉大川，往有事也。"又曰："革，巳日乃孚，顺乎，天而应乎人。"夫"盅"之象易见也。惟"盅"之于不"盅"，则君子不得不"革"于必"革"。公固于利害之际鉴之，早而筹之熟矣。或者曰：多事无如省事，恐质之黔而黔人弗然，策之粤而粤不应，不知滇与黔倚命也；粤与滇联臂也。滇不断而黔可常存，滇路通达，粤有余润。此举政有造于黔而无损于粤者，况乎四海一家也；天下全盛也。以全盛之时，辟一家之路，彼何所见而梗焉。不见日者凤克之变乎？酋首虽扑灭，业已窥我虚实。今在在启心，戎索脱手，桀骜益甚，"蛊"而"革"几动矣。彼狃常胶柱者，纵百喙能保数十年无事乎哉？即今日之路开也，于公何利？唯公不以利其利，在千百世之后利乃大。即今日之路塞也，于公何害？惟公不以害其害，在千百世之后害乃大。公岂喜事漫尝，不知泛泛涉世之为福者哉？是故繇争楚事而言，则公之识在事先，而身防其渐于后。繇开滇路而言，公之识照事后，而力杜其患于先。不佞一接公眉宇，见其枝叶尽揃，锋颖退藏，其识见其力量，从淡泊宁静中拓出此真经济、真学问也。

公今以觐行，主上面召，大小臣工聚晤一堂，霁色温言，如家人父子，畅数十年之郁抑。惟是岩廊之上，茅棘丛生，而是非所是，非非所非，郊国之间，本质变换；乌不为乌、鹊不为鹊，此卢扁望而却走之候也。公以治行异等，上必改容接之。愿吾公以定一事之是非者，定天下之是非；通一方之血脉者，通天下之血脉，则锁钥可也；鼎铉可也；去处两无负，惟天子所使矣。〔出处：明·王元翰《王谏议全集》，清嘉庆刻本〕

制府湖记

杨起元

制府湖[①]者，河源县鳄湖也。曷为以"制府"名？彰制

---

① 制府湖，即河源鳄湖。鳄湖者恃其势喻其险，以为城隍（护城河）。制府湖者称官衔以彰功德，以彰制府陈蕖。鳄湖之建，因山寇啸聚，城失其险，拟筑城隍以安民。陈蕖与李焘同科进士，因李焘上请资助开渠筑湖，制府陈蕖捐军储200金为助工，其余由乡绅集捐。湖得以成，赖制府陈蕖捐助，故鳄湖亦称"制府湖"。

府陈公①之赐也。河源之休戚系其城，而城之兴废系此湖。桂山为河源巨镇，葱蓓秀特。昔人据桂干为城，而枝布为三郭环之。肇自南齐，迄于宋，上下千年，生齿蕃育，四时歌游，人民萃焉。元来城陷于寇，孑遗之民逃散四远，城因以废。国初，乃即中下二郭间滨江为城，舍干就枝，势弱形下，水稍溢即啮之。辛未、壬午两罹水患，漂溺者尤众。于是，令长、父老相率修复古城居之，民始即安。是城也，非河源之休戚所系欤？当城盛时，银汉之水出自桂山，绕城之西而环其北、汇其东为鳄湖，城因之以为险，其守可固，是以历千数百年而无患。其后下埠沥泄，而深水沥继之，鹅公沥继之，牛角琛、木棉塘又继之，故寇之能陷城者，城之失其险也。一陷而遂不复，以致于别城者，不难于复城而难于复湖也。城以湖失而废，又以湖难复而竟废，则是湖也，又非城之兴废所系欤？夫城之兴废，为河源之休戚所系。城重湖之有无，又为城之兴废所系湖尤重。

河源父老谢成学、李乾等，因其士夫李焘、举人李树桢以请，而制府陈公慨然念之，下其事道府议，捐军储助费者，盖二百金焉。于是，即下埠筑基，其址厚十有五丈，其崇三丈，其长二十余丈，名之曰"万年基"。其他若深水、鹅公、牛角、木棉，及城南之南涧等处，凡可以为蓄水计者，

① 陈蕖，字伯含，号应虹，生卒年不详，应城西乡人。陈蕖于明隆庆元年（1567年）乡试中举；隆庆二年（1568年）会试中进士。万历二十一年（1593年）至二十六年（1598年），陈蕖任两广总督，累官至户部尚书。

莫不筑焉。盖民感制府之仁而动子来之义，故取用于二百金，充然其无不足也。而湖乃汪洋浩荡成巨浸，于厥城之东，而银汉之源所以委输于西北长濠者，益以弘衍静深。城赖之以为固，而汲其清以资饮食，挹其秀以兴文运，为利巨矣。盖仁河源之民，而资之以为此湖也，民即湖名公，以垂示子孙千万年无忘所自，不亦宜哉！

公镇粤二载，廉静寡欲，省兴作务，撙节未尝妄费，人莫不知公之敛迹。公此举，岂非所谓俭而能广者耶？公之仁，虽一物之微不忍伤之，然至彝情深固，重关利害，人所逡巡相视，莫敢发难者，公辄持其窾系，而定之于呼吸之间，此又以见公之德，故能勇也。上今召公入佐留都大司徒，天下有大事，公可属。公讳葇，湖广应城人，戊辰进士。不佞方有事郡乘，河源士夫父老请记，遂不能辞而为之记。〔出处：清·彭君谷《（同治）河源县志》卷十四，清同治十三年刻本〕

白沙先生全集序

杨起元

我国家惇庸之化，涵育百有余年，始有真儒出于南服，是为白沙陈先生。其学以自然为宗，乃其静中妙悟，不由师传云。其言曰："天自信天，地自信地，自动自静，自阖自辟，自舒自卷。牛自为牛，马自为马；甲不问乙供，乙不待甲赐。"呜呼！尽之矣。至于进退辞受之际，截然不苟；纲常伦理之间，蔼然太和。形与性合，人与天侔。无事拘检之迹，而名教以端；不假事功之彰，而风声以达。非德几于至诚，其孰能与于此？生平不事著述，曰："孔子之道至矣，慎毋尽蛇添足。"此集所载，诗半之，酬应之书又半之，记序等作，殆不数篇，乃先生不得已而应之者。声出于无心，乃为希声；言出于无意，乃为至言。故其诗若文，不落蹊迳。全读之，其味淡而不厌；细而举之，其义无所不该。嗟夫！先生之学其至矣乎！此集当与天壤共敝者也。

某自四十以前，未足以窥先生藩篱，不知是集所系之重如此。四十以后从近溪罗先生学，转读兹集，乃稍窥一斑。而字多模蚀，幸予友长芦都运李君綦志新兹刻，多方购求善本，属沧州学正高君为表参互考订，仅复其旧，而尚未尽。李君转广西大参，高君入国学为博士。大参君谓博士曰："君宜收此板入国学，司业君在，可相与再校完之。"板至，凡四百二十五片，由是发正二千余字，然尚有未尽者，盖是集之不行久矣。甲申、乙酉之间，议先生从祀，缙绅士大夫多不识先生之学谓何。赖大中丞赵麟阳先生携先生遗书在署，速掉而出之，观者始心服而议遂定。

嗟夫！道之兴废存亡，岂不以人哉？予于是重感予友李君能为斯道举废而修坠也。世间文字，为木之留者何限？学者未知先生之学为何如，则是集亦可以有无，而李君之功，奚有区区之意。盖欲我辟雍多士，明孔孟之学脉，识自己之真心，则人人皆与先生为徒。如是，而以集为先生之存亡，抑又末矣。［出处：明·杨起元《杨复所先生家藏文集》卷二，明崇祯杨见晙等刻本］

怀李中丞

邝奕垣[①]

我爱李滇抚，为官五十年。

厨无隔宿肉，囊乏用余钱。

意厌城市闹，情锺泷水缘。

遍观利达者，可不谓前贤。

［出处：清·彭君谷修、赖以平纂《（同治）河源县志》卷十五，清同治十三年刻本］

---

① 邝奕垣，字伯正，号价藩。性敦孝友，博通经史。领甲子乡荐，顺治壬辰进士，授山西闻喜令。奖贤育才，革弊兴利，人称菩萨。招降李自成残党3000余人，郡赖以安。甲午晋闱同考，所拔皆名士。丁艰归，相继6年庐墓。康熙元年，补江南砀山令，政治一如闻喜。上官嘉之，有"朗识一庭明月，操修两袖清风"之荐。治砀山五载，民之感德者，建祠尸祝。年70解组优游者又16年。康熙四十六年，祀府县两学乡贤，载通志。

秋至留都顾武选道行李缮部若临壶觞枉过

周光镐[1]

越山分袂几伤魂，南国相逢又弟昆。

别后音书劳怅望，到来离合可无论。

延津自遇冲星剑，吴苑还开对月尊。

世路于今争劲翮，莫将摇落叹飞翻。

［出处：周光镐《明农山堂集》卷一］

李斗野大参

周光镐

楚府之变，奚殊西夏。然而宗室之于胡虏异，而弥祸之与激动边防者，星渊矣！年丈乃施金弥变，其阴功岂止楚藩哉？不详揭教，谁其知之？惜哉！赵巴渝做好人，做好官，不宜有此也。初拟尊驾即入都，今知暂旋者，是经权义命，进退出处，于吾道大不可苟。丈之定，见定力，足为吾师矣。弟年来衰惫甚，罗浮山灵恐终杜我妄缘□也。

---

[1] 周光镐（1536～1616），字国雍，号耿西，潮阳峡山乡人。与李焘嘉靖四十三年同举广东乡试，隆庆五年进士，历任宁波府推官，南京户部主事，吏部员外郎、郎中，顺庆知府。四川巡抚徐元泰征建越，特擢为兵备副使，监征南军事，叙功升参政。宁夏乱起，升陕西按察使，镇驻皋兰。乱平，廷议须资望大臣镇抚，拜金都御史、巡抚宁夏。时叶公梦熊总制三边，协力辅佐。二十四年，升大理寺卿。见朝政日非，又因离家日久，病魔缠身，屡疏乞休。归乡，不复出仕。周光镐与叶梦熊、李焘友情深厚。

长沙倅，极荷留神，感甚。贵邑令君作用何如？既兹应考绩，幸惟提携，望望。［出处：周光镐《明农山堂集》卷二十四］

李若临年兄起家粤西观察使辱书寄问赋答以赠

周光镐

伊适逢嘉运，偕君婴华组。

中外效旬宣，日惟天子使。

华髪倦风尘，脱屣事农圃。

余生入玉门，君来自荆楚。

先后荷主恩，亟自营别墅。

玉峡傍先墅，泷门擅胜数。

荏苒时光阻，隙驹十寒暑。

余病卧首丘，君望隆朝宁。

忽拜明光诏，起持右广斧。

君意犹踟蹰，奉檄转伛偻。

书来有深怀，眷念猿鹤侣。

约予登罗浮，铁桥遥相仁。

余报君行矣，六翮宜冲举。

圭爵来喝辞，疆场应自许。

小草任人呼，铜标屹天柱。

勋猷幸最旂，为宪定吉甫。

予亦嘉弹冠，其如疴未愈。

道匪暌升沈，迹奚殊出处。

愿言秉坚贞，此谊敦自古。

［出处：周光镐《明农山堂集》卷十五］

寄题李廉宪若临泷门别业用来韵

周光镐

罗浮春信雪中来，四百峰头梅正开。

天为泷门留胜迹，人从楚甸拂衣回。

当阶兰玉欢承彩，隐几峰峦翠把杯。

几度停云遥在望，丹颜华髪梦相猜。

［出处：周光镐《明农山堂集》卷十三］

答李斗野大参

邓原岳①

襄阳古迹甚多，游览非一。文选楼巍然阛阓间，高明爽朗，时酹一杯，足谢灵。出郡城三十里，则武侯所居隆中在焉，台下公余试物色之，倘有恍惚卧龙者乎！习池事虽不足言，然非政平讼理，与士民相安，即欲日醉而歌，酩酊胡可得也。哲人旧事，在在可师，台下车辙所临，有神明之称，千载嗣兴，居然竟爽矣。鄂渚仓卒，无以为欢，乃复辱远贶，何以堪之。［出处：明·邓原岳《西楼全集》

① 邓原岳（约1555～1604），字汝高，号翠屏，闽县人。万历二十年（1592年）进士，授户部主事。累迁湖广按察司副使。原岳工诗，初学郑善夫，又学七子，有《西楼全集》传于世。

卷十八，明崇祯元年邓庆宷刻本〕

答李斗野廉宪

蔡献臣①

先大夫之莫逆于下执事者，而不肖自总角即蒙教泽也，此之为谊，世宁有几哉？客春京邸，重荷厚爱，奉达以来，缺焉申侯。伏惟老年伯卓品伟才，朝绅推重。圣主起东山而旋畀之楚臬，不日开府建牙，大展鸿抱可也。李景颖敝同年最相知者，道德之士，非特功名而已。差回，敢闻于长者一物色之。郭明老抵家久矣，与楚藩相安否？渠于楚事，极认其当一件大不朽事业，惜其不用不肖回避之说也。在署时，颇相左，则以名封之故。然毕竟是不凡，坎壈中幸老年伯护持之。晤间，并望为道，区区至恳。〔出处：蔡献臣《清白堂稿》卷九，第259页〕

题潇湘入景图寄李仕奎（有引）

伍定相

潇湘扼楚上游，而不侫家焉。故是吾师观察李先生宦游之地。客岁，谒先生粤西官舍，仕奎曾以此图属赋，匆

---

① 蔡献臣，字体国，号虚台。明朝政治人物。明神宗万历十六年（1588年）举人，次年中进士，杨起元门生，常问学于杨起元。官至湖广按察使、浙江提学。逝世后追赠刑部右侍郎。与蔡厝蔡复一并称"同安二蔡"，蔡贵易、蔡守愚和蔡献臣父子三人并称"琼林三蔡"，以《易经》为家学。

匆未暇也。兹为成诗一律还之。

　　　　虚阁潇湘景自殊，君侯五马旧驰驱。

　　　　袞衣影逐浮云远，棠树枝悬晓月孤。

　　　　动地江声喧市宅，连天岳色挂城隅。

　　　　千秋畏垒差相拟，吮笔谁将入画图。

〔出处：清·陶易《（乾隆）衡阳县志》卷十三，清乾隆二十六刻本〕

题潇湘南岳图后

陈宗契

衡阳张子述释，矩行有藻思，少以文亡害，为郡邑主，进吏非其好也。晚当得官而皈心玄谛，栖迟仁智之乐则豁然，曰："吾于六艺为目不为腹"。今其以两足供两目哉！即以当严夫子，州不能八，岳不能五，恶用以膏邓林也。少文之室，丹青其壁，而后以手腕代足，其为阿堵良，不废辽廓逍遥之观，则神游者矣。乃为图载潇湘衡阳诸胜，复采韵赋志历迹。其图南岳亦类是，伸腕拈纸，南天半壁都在睫下；鼓琴动操，几令众山答响也。岳之朱明峰，元人刻其脉，中划为二，郡刘司马竖石梁，蜿蜒维之，余序《司马集》及焉。不知尸议鸠工，实自前郡守李公，有李公而后，岳有坚脉。有岳而后，国姓绳绳，以长事名山大川，公五而侯四。李公功，其亭亭高、洋洋大哉！李公名焘，今抚滇，倚办长城，视三公直掇之耳。〔出处：清·张奇勋《（康熙）衡州府志》艺文卷十九，清康熙十年刻本〕

苔①李斗野方伯

丁绍轼②

岁楚变始末，从公郎闻之甚悉。向语之知交，应者半，不应者半。今沉齮数年而论始定，老伯始得复起田间，可见直道之在人心者未亡，公论之在朝廷者未泯。而彼苍好还，所云"仁人之利天道运行"者，于今而益验也。每逢贵乡荐绅，辄询老伯起居，知精神矍铄，有逾少壮，是又天与以有为之力也。当事者正当跻之台衡之列，出入奏对承明之间。而今且置之外藩，处之边地，毋亦常格之。是拘乎？抑亦滇南多事之后，非老伯不足以保厘之乎？［出处：明·丁绍轼《丁文远集》卷十七，明天启刻本］

寄李斗野伯布政

丁绍轼

世态覆雨翻云，从古然矣。古人有言：后起者，胜前之失着，即为后之胜着，非前之失也。前者，时论之所为失也，公道久而后明，良不虚耳。老伯兹正久而后明之时，

---

① 苔，同"答"。

② 丁绍轼（？～1626），字文远，南直贵池人。万历三十五年（1607年）进士，历官赞善、谕德、少詹事、礼部侍郎，天启五年（1625年）为礼部尚书兼东阁大学士。天启六年（1626年）三月初五，太监刘应坤镇守山海关，丁绍轼、兵部尚书王永光等力谏，帝不听。天启六年改户部尚书，进武英殿大学士。是年四月二十三日卒，赠太傅，谥文恪。著有《丁文远集》。

便当一举千里。前者已与闻开府之议，今者冢卿并来，二老声应气求，舍老伯奚适哉！吴直指为敝乡同年，先出都门时，以老伯赴任广西，故未之及。不意仍留滇南，今附一缄去，缄中所云，殊不尽报德之私及颂德之意。［出处：明·丁绍轼《丁文远集》卷十七，明天启刻本］

寄吴玉华侍御

丁绍轼

老年丈行时，弟小诗已预为劝驾，勿恋庭闱之乐，蚤慰疮痍之望矣。想清秋爽气，正骢马翩翩载道时也。使节所临，江山增丽，士民之欢迎，夷狄之向化，又可知已。别有所启：滇南今方伯李斗野公，先为楚衡太守，时先君为倅，弟随任才束发耳。适遭先君之变，李公优恤百方，古今之不以存亡贵贱易心者，未有如此公者矣。至后楚藩一事，公道于今始明，朝论于今始定，人人推毂此老年丈。所知者，此非但公论有必申之时，亦天道无不报之理。老年丈秉宪一方，知人安民，是素厪念计，必与此公投契。而弟以凤恩未报，时刻在心，不向年丈一吐，弟之薄也，此公岂藉弟言为哉！向李公有粤西之命，弟据以为粤西也，故别时未及。今仍留滇南，故敢布私左右，弟亦何敢冀老年丈盼睐，以偿不肖私德？惟宇宙间有此人，冀年丈从邮递得之，绥靖边疆，必大有裨益，未必非明公治化之助也。
［出处：明·丁绍轼《丁文远集》卷十七，明天启刻本］

答李斗野方伯

丁绍轼

不奉老伯颜色已三十五年。不虞今从长安，得睹老伯二品报满，三代褒封也，盛事哉！展读宝轴，扬历中外者，咨嗟太息。进之不骤，作之不止。高厚悠久，功收其全。位禄名寿，福要于备。毋论华实，半者霄壤。彼一蹴而尽九等，亦安所较，兹凌霜之干乎！

某于八月念日到京，王言已属之敝衙门。薛老先生相见，交口而诵盛德不置。薛公深知楚事，固于文中独详。噫嘻！亦可谓得老伯大节矣。太常之报，某家食已闻，迟滞至今，计当更推。所幸老伯精神，疆王不必远引，渭叟淇翁，只以目前冢宰、司寇两巨公，皆齿长老伯多矣，正可安意俟之，勿遽言高尚也。昨见直指荐章，自是余事。诸大夫方藉老伯出山，以为世道重。泰华之高、沧海之深，何俟旁人指点哉！

附呈先君遗稿一部，凡系老伯诗文皆载，至老伯《志铭》，尤所藉不朽者。老伯越三十五年而见，此刻故人之感，能无凄恻？其在不肖，又当何如？［出处：明·丁绍轼《丁文远集》卷十七，明天启刻本］

按： 丁绍轼之父丁旦，字惟寅，师从同里李呈祥。后又从理学名家邹守益、王畿、钱德洪、欧阳德等人学，并私淑王阳明，讲学不辍。至万历元年（1573年）始就岁贡，入太学。万历十年，任衡州府通判。时焘公为衡州知府，甚信任器重，委以重任。丁旦任职期间，除弊利民，修社学、义仓，并与衡州人士讲学不倦。曾拜谒耿定向于黄安山中，而得寒疾，加上劳累过度，回衡州后病逝，时为万历十一年。由于丁旦一生讲学，两袖清风，逝世后竟"贫不能殓"，幸得焘公为之多方周恤，后得以归葬故里贵池石都山南麓。耿定向为其题碣："名贤丁君惟寅之墓"。其子丁绍轼知焘公复出任云南布政后，因有图报之心，而吴玉华为云南巡按御史，与其同乡同年，有交谊，故去信向其推荐相识。丁绍轼还为其父刊刻遗集，集中凡焘公诗文皆均录入，并请焘公为其父丁旦作《墓志铭》。惜文已无存。

三洞①道中奉呈李斗野使君

黄克晦②

溪声行不尽，溪雨草茸茸。

隔水问三洞，穿云几度峰。

---

① 浙江金华北山的"双龙""冰壶""朝真"洞，合称为"金华三洞"。

② 黄克晦（1524～1590），字孔昭，号吾野山人，惠安崇武人（晚居泉州城内，又作晋江人），以号行于世。黄克晦一生布衣，为明嘉靖、隆庆、万历间著名的布衣诗人，兼擅书画，时人称之为诗、书、画"三绝"。凡作山水，唯画一人。尝曰："林泉野趣，第吾钦略。"因自号吾野山人。隆庆间（1567～1572），黄克晦离家出游，曾从颜廷渠到江州，两入粤，转吴楚，适金陵。历齐、鲁、豫、燕、赵；登泰、衡、嵩、华诸岳，以及匡庐、武夷，足迹几遍全国，见识和诗因之大进。"所过大都，人物鱼鸟佳丽，莫不供其点缀题咏。"名士文人莫不争相与之交往，如博罗叶绚斋、金陵焦从吾等，都曾与他联章唱和。明后七子李攀龙、王世贞、谢榛等人也与其唱和颇多。

异禽啼暗竹，空翠积涤松。

寄语神仙吏，花源已可逢。

[出处：明·黄克晦《黄吾野诗集》]

初夏与李斗野使君登密印院浮屠分得云字

黄克晦

宝塔①凌空上，清尊伴使君。

溪流城外合，山色鸟边分。

半岭衔斜日，千家在白云。

鹤声与人语，下界可会闻。

[出处：清·吴裕仁《（嘉庆）惠安县志》卷
三十三，民国二十五年铅印本]

河源泊舟怀李斗野（时李二守金华）

黄克晦

当年访道此山中，高馆清樽对孔融。

今日复来槎水上，故人遥在浙江东。

家藏绿树如幽谷，门应玄猿似小童。

微雨满天烟漠漠，登山采药与谁同。

[出处：明·黄克晦《黄吾野诗集》]

---

① 密印寺塔在金华市区城东酒坊巷北段塔下寺山坡上。

匡山怀归，南岳之游不果，寄衡阳李使君若临公祖

黄克晦

欲朝赤帝访朱陵，洞口琴樽对李膺。

溢浦偶停千里棹，匡山因忆二林僧。

深秋古寺分经席，落月空岩数佛灯。

霜白天寒归思动，何时双屐采云层。

相思何事忽相违，极目苍苍去路微。

名岳故人虚入梦，孤舟千里只徒归。

三峰不辨芙蓉色，风叶先调薜荔衣。

犹记篙师谈李佛①，古今治郡果应稀。

［出处：明·黄克晦《黄吾野诗集》］

海日神仙图

为平崖李封君题和黄吾野山人暨顾衡宇司寇作

骆问礼

登堂潦倒仪先蓤，双眼模糊醉还饿。

蓦看青海泛波涛，咫尺扶桑赤轮簸。

轮光照水万顷红，绰约群仙迤逦过。

云霞灿烂鱼龙驯，金屋参差丹鼎逻。

衔筹一鹤天外来，扶驾双鸾席前堕。

神仙有无殊缈茫，披图半晌疑魂破。

---

① 诗人自注："浔阳有舟师，自言衡州人，因问李使君无恙，渠云：吾衡阳人俱呼为'李佛'。"

图画难凭词赋真，写出平崖曲难和。

平崖山人丰骨奇，黄粱梦觉谁能缚。

吟麈高从星峤麾，钓舟横向烟波卧。

金马仙郎曼倩俦，世故看成八角磨。

日升海泳福未量，图真可玩诗惊坐。

惭余吏隐两无成，落魄衰残时坎坷。

驱石曾思驾远梁，鲁阳无术戈徒荷。

老矣知非幻世资，笑逐仙郎作仙课。

金丹九转成有时，跨凤还期承叱呵。

［出处：明·骆问礼《万一楼集》卷六，清嘉庆活字本］

燕子矶偕盛体斋李斗野同游

骆问礼

小亭当嵝碧萝萦，高阁悬崖绿树擎。

江阔浪平帆力正，岸遥山渺雾痕轻。

十年曾到僧知姓，一味躭闲吏有名。

把酒不须评世事，眼中风物六朝形。

［出处：明·骆问礼《万一楼集》卷六，清嘉庆活字本］

东坞别业为李斗野尊翁平崖贡士题

骆问礼

水滢山围野色明，绿阴深处启轩亭。

春云椰径新油屐，夜月藥床旧注经。

税足计余偿酒债，花开得间觅诗朋。

匡时有子堪高蹈，其奈公车更有声。

［出处：明·骆问礼《万一楼集》卷七，清嘉庆活字本］

游牛头山诸寺迭游栖霞韵有序

骆问礼

牛头山诸寺，佳丽冠于诸山，顾蹉跎二三年，不得一到。因与同舍李斗野游栖霞为约，趁此秋色，务在尽兴，而迟回者复月余及到。同游者何铁楼、史禹门、曹嗣山、汪登源诸公，而斗野竟以他事羁，因叹胜游之不可必如此也。为迭前韵。

禅关一望中，名胜异还同。

地迥云霄接，林遥薜径通。

杪秋游子骑，侵晓报斋钟。

塔影穿窗倒，泉声落涧冲。

岩高低挂月，洞古曲盘松。

露浥穹碑藓，霜黄绿树丛。

市尘欣去远，壁句玩来工。

构结多精舍，清严亦素封。

危崖身可舍，小座膝缠容。

地总分吴会，僧惟说懒融。

巢云孤榻静，照雪百花浓。

饮马池犹在，藏经阁更崇。

漫寻疑入幻，回眺转增雄。

鹝鹊檐前日，蓬莱海上宫。

星槎悬绝壁，鸟道出层空。

野旷临千仞，山围俯万重。

凭阑闲理偈，振屦健凌峰。

落魄三朝鬓，离披万里踪。

烟霞谁最癖，冠盖我叨从。

剑起冲霄汉，杯宽失岱嵩。

翻澜头任白，代斲指多红。

休沐堂官假，幽佳次第穷。

暮岚天际发，一啸且当风。

［出处：明·骆问礼《万一楼集》卷八，清嘉庆活字本］

九日偕李斗野栖霞寺登眺二十四韵

骆问礼

萧寺翠微中，清秋杖履同。

药苗深谷老，泉脉暗渠通。

小岭罗千佛，群岩应一钟。

岭回云磴侧，岩峻站台冲。

修涧缘幽径，斜桥让古松。

遥遥多别院，一一隐芳丛。

竹牖光如洗，茅檐致亦工。

石阶新砌莹，珠井旧苔封。

净榻开关偈，浮图浥露容。
上乘僧自契，尘卢我偏融。
绝顶亭尤丽，抠衣兴更浓。
渐攀津忘险，直上始知崇。
六代豪华逝，三吴胜桀雄。
大江收楚蜀，王气霭陵宫。
岁稔千畴敛，时康万垒空。
越云飞欲尽，燕日照来重。
汉假留兹节，周郊尚几峰。
百年怀剑意，五斗折腰钟。
蓂菊随流俗，蓍龟问适从。
酬恩思阵海，吊古气凌蒿。
偃栢霜中绿，寒蕖雨后红。
君才方独步，吾道未全穷。
且莫嫌疏放，衔杯趁晚风。

灵谷寺偕顾衡宇李斗野同游二首

骆问礼

其一

青山不厌白头郎，问菊凭携竹叶芳。
千尺石街连鹿径，万株松树护经房。
云霞掩映俱成彩，台殿崔嵬半就荒。
老衲未谙游子意，只怜双屐十年霜。

其二

镳联尘接总仙郎，蹑峤穿林彩佩芳。

大士像瞻梁宝志，雄题笔落汉君房。

连云绝巘秋风远，满坞青芜腊日荒。

胜地有缘须尽兴，莫嫌袍袖染清霜。

［出处：明·骆问礼《万一楼集》卷八，清嘉庆活字本］

喜晴呈衡宇斗野二寅丈

骆问礼

曙色催游骑，阶除尝亦欢。

放衙频日约，行楗隔霄攒。

雨过山增丽，烟开竹更峦。

禅僧遥下榻，宿抱一时宽。

［出处：明·骆问礼《万一楼集》卷八，清嘉庆活字本］

清凉台偕盛体斋李斗野同登

骆问礼

古寺荒台四望通，淡烟斜日一尊同。

江流绕郭来春色，山势盘空拥帝宫。

树渺淮阳循海碧，云连楚越入郊浓。

登临无限兴亡恨，目送孤鸿趁晚风。

［出处：明·骆问礼《万一楼集》卷八，清嘉庆活字本］

寄题东坞别业

黄凤翔

槎江一曲水云多，竹坞荆扉拥碧莎。

树挂罗浮烟外月，桥横沧海晚来波。

芳亭雨歇闲鸥鹭，别沼秋深老芰荷。

我向江山遥骋望，飞鸿近日少经过。

［出处：清·张豫章《四朝诗》明诗卷八十五七言律诗十八，清文渊阁四库全书本］

奉和李斗野公雁峰观灯韵

曾朝节①

是夕，满城灯火争赴峰上，东岸万炬傍江而列如阵，遥以为公乐。若督之而然。故不可无纪也。

---

① 曾朝节（1525～1605），字直卿，号植斋。临武县城曾家岭村人。明嘉靖三十七年（1558年）中举人，万历五年（1577年）进士，殿试中一甲第三名探花。历任翰林院编修、侍读、国子监祭酒、礼部侍郎兼经筵日讲官、太子侍讲、礼部尚书等官职。他一直在京城做官，位居大臣。明辨是非，敢于直谏，为官清正廉洁，在朝20余年，无一人上疏攻讦他。曾独资在京营建"瑞春堂"供湖南衡、郴、永三州赴京人员住宿。卒赠太子太保，谥文恪。著有《紫园草》《南园草》《经书正旨》《古文评注》等。

此夕欢看胜迹开，峰头灯火坐周回。

应疑珠斗浮空遍，共讶金莲拥殿来。

乐事自多停盖处，歌声还听隔山隈。

频将万炬摇江色，为荐春杯百尺台。

舟过沧州，李若临使君邀饮南川楼上

陈　履

病客辞京国，扁舟将入吴。

逢君话桑梓，开宴近蓬壶。

对酒怀偏剧，登临兴不孤。

况看明月好，莫失尽欢娱。

主人能爱客，载酒一登楼。

地选沧州胜，人如赤壁游。

疏林蝉噪近，曲槛月光浮。

不为王程促，应拼十日留。

［出处：明·陈履《悬塔斋文集》］

谢李斗野方伯

张瑞图[1]

久闻父老颂青莲，屈指今将五十年。

道德高名齐北斗，保厘半壁暂西偏。

---

[1] 张瑞图（1570～1641），明代书画家。字长公、无画，号二水、果亭山人、芥子、白毫庵主、白毫庵主道人等。

家连业海近乡语，人托棠阴喜胜缘。

此去故山逢问讯，我公鬖发尚依然。

［出处：明·张瑞图《白毫庵》外篇，明崇祯刻本］

寿李斗野观察

郭正域①

荡节森森紫气连，家声柱下几经年。

霜棱风动从溟海，玉管阳回散楚天。

人自罗浮仙岛近，名高丹宸法星悬。

不须更问长生术，孙子黎民总犬千。

［出处：明·郭正域《合并黄离草》卷十二，明万历刻本］

---

① 郭正域，江夏人。神宗万历十一年（1583年）进士，授编修，历礼部侍郎。博通经籍，勇于任事，有经济大略，人望归之。郭正域与沈鲤、吕坤同被誉为万历年间天下"三大贤"。因楚太子狱之事受牵连。万历三十一年，有人揭发楚太子并非真太子，而沈一贯因受楚太子重贿，并且想打击力主查勘此事的东林党人署礼部尚书郭正域，对其进行污蔑，明神宗罢此事不问，郭正域因遭沈一贯等弹劾，罢职回籍听勘。未及出都，因妖书注释发而系狱，次年五月始释归。因子忤首辅沈一贯，被罢官还籍。途中，所乘之舟亦被搜查。

杨大史起元谢李都运惠菊酒梨膏

杨起元[1]

离亲临岁晚，百虑正纷然。

赖有良朋迩，频将尺牍传。

此来惊赠送，不独叙寒暄。

膏酒分珍味，牲淆斥俸钱。

厚施因令节，叨受列庭筵。

拂箸梨香妙，持杯菊色妍。

兴超云物外，心见伏羲前。

翰院冰为署，沧洲吏是仙。

交惭吾报后，道拟子登先。

既醉陶陶意，因成十韵篇。

[出处：明·杨起元《杨复所先生家藏文集》，明崇祯杨见晙等刻本]

---

① 杨起元（1547～1599），字贞复，号复所。明代归善县塔子湖（今属惠州桥东）人。少聪颖，8 岁能作诮鬼文；15 岁被贼俘掠，从容赋诗得释。隆庆元年（1567 年）中解元，万历五年（1577 年）成进士。历任编修、国子监司业、司经局洗马、国子监祭酒、南京礼部右侍郎、南京吏部右侍郎摄吏部、礼部尚书事。万历二十六年（1598 年）召为北京吏部右侍郎兼侍读学士，因母卒未任，持丧归乡。次年九月在惠病逝。谥文懿。学于罗汝芳。著述有《文懿集》12 卷，及《识仁编》《证学编》《诸经品节》并传于世。告假时常在惠州讲学，归善、河源、东莞等地从学者众。

韩大史寄中丞公诗二首

韩日缵①

其一

逍遥岩上几嶙嶒，历险攀跻老境能。

山水一区幽筑好，东南半壁拥旄曾。

身经五帝冠初挂，家有元孙膝可恁。

对酒不妨呼野叟，篝车共祝岁年登。

其二

辞滇归来意转酣，秀眉征寿更髶髶。

精神比鹤应还健，世局如棋已熟谙。

细辨蝇书临月砌，间携鸠杖破山岚。

独余忧国心犹热，群盗干戈思不堪。

［出处：韩日缵《韩文恪公文集》］

---

① 韩日缵，字绪仲，号若海，博罗人。年13补弟子员，万历丁酉乡试举第三，丁未魁南宫，选庶吉士。缵雅擅渊博，既读书中秘，益肆力于古文词，每奏议一篇，同馆咸逊谢弗及。癸丑除检讨，丙辰充会试同考，丁巳给假还里。泰昌元年起升左春坊左赞善，天启元年管诰勅，充《两朝实录》纂修官。壬戌复充会试同考，前后所得士如倪元璐、冯元飚等，并以文章气节事功著。是岁补经筵讲官，册封安乐王，便道归省。甲子即家升右春坊右庶子，未行。升礼部右侍郎兼侍读学士，协理詹事府事，充《两朝实录》副总裁。次年升南京礼部尚书，疏辞弗克。崇祯壬申，改礼部尚书。癸酉充经筵讲官。因积劳致病而殁，讣闻，上嗟悼，赠太子太保，遣官护丧，赐祭葬，予谥文恪。缵立朝多大节，著有《韩文恪公文集》《询荛录》。

又赠中丞公自滇中致仕还里四首

韩日缵

其一

简书重沐两朝恩，此日雄名八座尊。

拥护初归称大老，捧觞频祝到曾孙。

那堪白发随黄口，还有青山对绿樽。

蜡屐不愁无济胜，赐回灵寿杖犹存。

其二

穆皇初载通朝籍，五十年来亦倦游。

从此鹓鸾辞殿阶，且教猿鹤领春秋。

宦成天地余双鬓，卜就菟裘老一邱。

世事悠悠何足问，不如吾道已沧洲。

其三

新辞节钺谢橐鞬，今日真成返故园。

攀卧此时滇父老，勋名千古楚王孙。

（楚宗室大狱，公以去就争之）

两朝赐履曾三仕，四世班衣见一门。

从此余年皆帝力，青山还拟答朝恩。

其四

龙马精神海鹤姿，归来能倒故人卮。

饱谙世局休休好，乞得身间事事宜。

静爱阶兰抽嫩蕊，眼看篱竹茁孙枝。

尚余国恤难抛却，愁见三韩有战旗。

［出处：韩日缵《韩文恪公文集》］

第二节 碑记

尊德祠碑

"尊德祠"者，河源邑之荐绅、学士，与四境之旄倪，祠其乡大夫参知李公者也。公名学颜，故以明经待诏公车，而其子观察焘，起家进士，扬历中外，有特操惠政，数以其爵驰公至参知，则取制词语而颜其祠为"尊德"云。公德之可尊者何？居以城河源也。

河源县始南齐，至宋熙宁以为祯州，而累土城之，匹夫可腾踔而上，城下池仰给屋溜间。尝从红珠门筑堑开垫，东起高凤坑，西至佛迹潭，排闸蓄水。而水以无本易竭，何左丞凿泷下坝巨石成渠。而渠以流不屯易塞，不待褰裳而渡，于是邑人之中寇者屡矣。寇退，则依城外槎水而居，是为上、中、下三郭。明兴，即中、下二郭间，龙川、槎水两水之会以为县，而以故城为河源守御军堡。然三郭地卑，每淫雨，汪汪若千顷波，庐舍荡拆，于是邑人之中水者屡矣！李公忧之，谂于众曰："吾岁虞水而日虞盗，畏首畏尾，身其余几？夫城故在也，复其故而二患免矣！"或曰："自故城之弃也，且二百年，其地腴者耕、瘠者墓，将奈何？"公曰："耕地吾固有之，吾捐以入官。诸有地者，官予之直，以市地之直，助徙墓之费可矣！"或曰："城不易土以甓，犹无城也；甓而不高且厚，犹无城也，此其费不赀，将奈何？"李公曰："吾请以不腆之赋为一篑，诸有家者为其家谋；诸子民者为其子谋，无患乎不给。"已而公之子同榜中人，有为侍御按粤者，以赎镪及盗田之价来，凡五千金；有为郡守者，拓城四址，悉如旧制，毋觊速成而小就，城有绪矣！

李公复谂于众曰："有城必有隍，今沟浍之水，雨集皆盈，可立待涸耳，城将安守？"乃召集耆老，西至泷下，东至逍遥岩，审水势、察地脉而为之图。此可引水环城，为渠若堤，以时启泄，即三郭不虞水，甚善！吾请操畚插以先士民。而公寻病，病革，以其图授谢成学，曰："俟吾儿归，必令竟吾志。"遂卒。观察奉公图以从事，东自高风坑、龟峰塔之下开渠一，而于逍遥岩筑堤过之。渠工最巨，邑令周公炳为政，所谓周公渠也。西自麻地凹、九曲湾、白沙地开渠五，而于下埠沥万年祉筑五堤过之。万年祉堤工最巨，制府陈公蕖以二百金来，堤高四十尺，汇水为湖，所谓"制府湖"也。湖并城西，俱会于鳄湖。城三面皆临水，独南织女池涸如故，则导桂山分箕谷之水，为天河桥连城堤织女梁，开金汤源注池中。城周遭水萦如带，四时平亭不减，望之，气郁葱、名壮县矣。

盖自南齐迄今千余年，而公始为新城之策。自隆庆迄三十余年，公父子相禅而城隍始备。举观察以排众议；举大工御灾患者，前后非一，而惟两侍御龚公懋贤、詹公贞吉为尤著率，邑人祠事之。邑人聚族而谋，曰："是役也，孰首事者，非李公耶？孰令其子登第如两侍御公者，为吾邑人造福，非李公耶？且也，周以渠、陈以湖，各取一端，名不朽。李公于全城有全力焉，吾侪小人，城以内夜户不闭，城以外水不为灾，而为用几与造化争衡，食其德而不思报，非人也！"

君尝建"天乐会"所，群族之子姓及亲知之子姓而督课之，人文蔚起则即会所，后建祠祀公。而以不佞祯亦尝附公之子同第进士，使为记所由建祠之义，祯不得以不文辞。作而叹曰：夫士大夫之居乡者，富则千相役、万相仆，贵则"一命而吕巨，再命而车上僎，三命而名诸父"，固不足道。不然则逡巡退让，与闾闬浮沉，不弃丹鸡之盟以博长者称；抑斤斤束修，为乡党自好之士而已。未有开非常之原，持必然之画，没身而不忘，使其子勿替，引之泽被万户，功垂百世。知李公之为河源计者，其可谓至德也已。观察继志述事，善则称亲，皆可纪也。既而志其略，因为乐府之章，使祀者歌以侑公。

> 有城言言坚如石，重门击柝御暴客。
> 环而睨之惊辟易，更我爽垲作我室。
> 昔何坠渊今加膝，士夜诵兮女夜织。
> 聚百物兮养六戚，桂栋药房兰荪璧。
> 清酒既酤牲在涤，贻我多福公神弟。

沧波潆沆城四隅，龙江鲲海相灌输。

如彼辟雍博山炉，金堤屹屹九轨衢。

虹桥跨之走艒鮍，鱼水相得藻趋凫。

黄潦改色凝膏腴，我耕我钓日宴如。

后人利兮前人图，言献于公比驱媵。

织女机丝日七襄，欲往从之河无梁。

城南尺五天相望，倬彼昭回云锦章。

公乘箕尾与翱翔，东山梧桐西凤凰。

览德辉下千仞冈，宜尔子孙百羽王。

俾我通邑为朝阳，赠羽千金仍吉光。

附祝

公恢复古城，奠我桑梓。作兴人文，誉髦蔚起。功德在人，敢忘所自。兹届仲（春／秋）祀，以粢盛庶馐，谨荐岁事。

赐进士出身、中大夫，河南布政使司右参政兼按察佥事，奉敕督理南直隶屯粮仓场、驿传、粮储、江防河道，整饬卢凤、滁和兵备，前浙江按察使、陕西督学副使、翰林院修撰官、国史李维祯撰。

赐同进士出身，光禄寺寺丞、前南京湖广道御史王学曾篆额。

赐同进士出身、奉直大夫，南京户部，四川司郎中黄流芳书丹。［出处：李维桢《大泌山房集》］

盛民祠记

古者，诸侯初封天子，命大臣往城，若仲山甫之于齐，召伯之于申。诸侯或失国、或避患徙都，方伯约与国城之，若齐桓之于卫、楚丘杞缘陵，功播声诗，事纪《春秋》，其重如此。

今之县，古之国也。幅员广大，生齿蕃庶或倍徙古大国，而城或阙焉。抑卑薄不足赖？则为之说曰："公侯干城，众心成城，在其人耳！"。嗟乎！世之衰也久矣。上无干城之才，下无成城之心，何恃而不恐？设险守国，城可但已乎！

岭南有河源县，则南齐永平也；改祯州，则宋熙宁也。城以土，故疏恶寇之不能守。委而去之，则胜国之季也。寇退，遗民依槎水而居，是为三廓，因以为县。而故城为河源千户所，则明初也。城有兵无民，兵不足实城，而以南隅为北邙，冢垒垒。然三廓地堰潴，久益垫隘，邑令林大黼与兵使王化，用邑人李封君学颜议徙故城，众挠之。当如墓何？兵使曰："生者且为鱼，死者宁血食？迁死者墓而因迁生者居，是两利也！"就城北之壖徙县治所，居之东北面。而李封君与丘凤、邝京佐赍，则隆庆辛末也。赍不给工且辍，而侍御史龚公懋贤、詹公贞吉先后按粤，知其状，毅然以为己任，檄所司墓直，城应徙者，量数计直而资之地。故在官而窃据者，则壤计直而市之，得三千金。两公复以其赎锾百千缗来助，复籍蓝溪、长吉盗田，令民以直自占，凡二千馀金。而令曾守愚因之徙县治南向；守宋尧武因之仍故城址，务宽大以容民蓄众；李封君捐其督亢地为士民先；谢成学、文回、莫文泰、李乾、李恩之属捐各有差，共经营之，则万历戊寅以后事也。民犹安土重迁，大水忽至，视昔滋甚，令汤民仰因之率民入城，则万历癸未也。令傅履礼因之核两侍御所定地，若田之、直之，遘入者为城四周磴道，则万历丁亥也。李封君之子观察焘，奉其父遗言为渠、为堤，引水环城，四面如带；邑令周炳、黄朝选、郡倅窦文照、制府陈蕖共赞之；黄令辩方正位，开南门，而城事乃竟，则万历壬辰也。金城汤池，民有宁宇，盗与水不为灾。曩之诪张为幻者，晏然恬熙，而归德两侍御公，尸而祝之。其独归德两公者，何也？举大事、动大众，苦于浮语之荧惑人，而两公折之；苦于经费之不足、天降地出不可希冀，而两公济之。观察于两公同榜，其父子为通邑造命口，卒瘏手拮据，积有年所，而两公信任之。譬之室，两公垣墉，诸君子涂塈茨；譬之田，两公敷菑，诸君子疆畎。上有干城之材，而后下得效其成城之众心。盖由南齐以来，一千一百余年始议城；城由隆庆以来，二十余年始有一完城，岂不甚盛事乎？礼法施于民，以劳定国，能御大菑、捍大患者，则祀之。两公功应祀，与礼合，国家禁见任官不得立碑建祠，而詹公为楚按使，已卒；龚公为河南宪副，予告起黔中，坐谗不果且去，其时垂三十年，不抵禁。河源之士民谓不佞亦两公同榜士，越数千里而使使以记见属，不佞嘉南越之有名城也，夫道之能使民也，善政之结民心也。吾榜得人为盛，而粤人之不倍德也。采说文释名城，以盛民之义而名之曰"盛民祠"，为记其大都如此，守而勿失。以时弥缝其阙，无俾城坏，则在后人，念之哉！［出处：李维祯《大泌山房集》］

按：李维祯（1547～1626），字本宁，京山人，明朝史学家。穆宗隆庆二年（1568年）进士，由庶吉士授编修。博闻强记，与同馆许国齐名。神宗时，预修《穆宗实录》，后升修撰。出为陕西右参政，迁提学副使，做外官近30年。熹宗天启年（1621年），以布政使告归家居。因其早年修史，天启四年再被起用修《神宗实录》。官至礼部尚书。天启五年，告老归。著有《大泌山房集》《史通评释》。

第三节　贺序　寿序　传记

纶褒晋锡序

陆可教①

今圣天子，以孝治治天下，以忠臣励臣工，内外百执事，奉职惟谨。十六年春，都运斗野李公秩满，考绩最闻。天子嘉其功，用褒宠焉。按：令甲凡官满秩异等者，例得封其亲。若秩三品满，则封及其祖。在昔，世庙官不满秩，率以递迁，故子虽贵，常十之六七。至以三品封其祖者，百恒不三四。见于此见，人心不无歉然，夫亦恩不易被哉！将其德不足以承欤？

先是，斗野君为尚书郎，得封其父平崖为郎，母马为宜人。今则以都运推赠其大父景星翁为中大夫，大母潘为淑人，初封两尊人，并晋秩如之。恩命自天，被及两世，

---

① 陆可教（1547～1598），字敬承，号葵日。兰溪后陆村人，陆震裔孙。自幼聪明敏捷，9岁即能作文章。万历丁丑（1577年）登进士，授编修，充纂修《会典》官，兼掌诰敕。后加侍讲，擢右春坊谕德，为经筵讲官，掌司经局。时神宗久不临朝，倦于政事，可教连上12疏，首列圣训，继陈时事，神宗读后很受感动，下罪己诏。万历十六年（1588年），擢江西正主考。十九年（1591年），擢应天府正主考，不久，以侍读学士掌留院事。二十三年（1593年）春，擢南京国子监祭酒，旋改北京国子监。次年十一月，升南京礼部右侍郎。因父丧悲哀成疾而卒。其文章与冯梦祯齐名，在馆阁所撰典章为时所重。天启元年（1621年）赐祭葬，赠南京礼部尚书。著有《陆礼部文集》16卷。

臣子所深愿于君亲而不可自致者，襄然得焉，故不休哉！惟时人士，竞相庆也。余乡王孝廉属公高弟，与二三知友谋贺，过余征言。余曰："人臣任事，报政而绩成，忠也；用其身而显其祖父，孝也。忠缘孝尽，孝以忠大，都运君于此两者称无负，余窃得而耳目之矣。然福不虚生，德必由始，维天之命，匪德何堪？若父、若祖父则何修哉！"孝廉曰："李夫子家世孝弟，而亢宗自景星公始，少孤，李氏仅存之绪，以一人承之。曾谋产者阴毒翁，当是时机在呼吸，翁危而李氏废矣。赖大母陆孺人觉，疾携翁走，弃家避地，绝不与较，获免于难。李氏之有今日，陆孺人所贻也。翁为人沉毅，不言而躬行；天性至孝，终身而慕乐。义好施予，屡迫于险，竟以意气自全。尝返遗金，折质券，务周人之急。而德怨不入于心，传家一切驯谨。课诸子以诗礼，择地而处，不令近华靡之习。至于平崖，守其遗教而敦行益力，少负奇弗偶，以岁注销，念母潘淑人早寡且春秋高，遂谢罢不就，愉愉色养，真不以三公易者。潘淑人治家严，尝视子弟之材艺，各为一塾。而礼敬师长，供具必亲，程勤惰而上下其饮食，故子孙争力学，而亲见李夫子贵。翁虽不终仕，而居乡多卓行，如息兵改邑，嘉善化恶，济邻族之乏，终遗孤之托，诸凡举动，皆表表足以为世风。而马淑人以淑顺之德，又从中多所赞成焉。迄今，李夫子承二翁之业而昌阜之，自郡佐以至都运垂廿年，所历凡六转，终始一节。明烛秋毫，而不以毛举伤恺弟；惠周所在，而不以沾煦近欢虞。不仆仆以为礼而人自恭；不皎皎以立名而人自思；不许许以示威而人自惮。大要禀于宽厚而务，引人以喻于道，故其政不劳而成。夫二翁植德深厚而发祥于李夫子，夫子以贵显而晋秩于二翁，且也具庆，垂白转黑，引为寿征，则所居桂山即洞府也。况子姓云礽，斌斌秀异，望于河源，非所谓得全全昌者耶！"余乃辗然叹曰："德也，顾如是乎！恩有所从来矣。"余闻之，其厚施者其报大；其积深者其发长。故轩冕之赏，不可以无功取；滋大之业，不可以浅薄居。是以王三锡命，君子难之。夫命之难被，非被之难也，有德而承之难也！非有德之难也，世德以相承之难也！由是而谭，则李氏嘉行，非独其丈夫多纯懿，即妇德亦丈夫焉。盖非一世之积也，前有陆以开先，故景星翁得以培其基；后有潘以继美，故平崖翁得以厚其泽。而马淑人之贤，又足为光大之地，故斗野公足以毓其秀。贻厥孙谋，善藏其用，以启后人，福德在二翁矣！永锡尔类，善推其德，以扬前烈，斗野公其忠孝乎！显荣寿考，长有令名，天之报应吉人，岂偶然哉？虽然，公家两世，已食其报，而陆孺人艰贞立遗孤，再造李宗，数恩不及逮。何公年方强仕而三品，则列鼎铉、陟崇阶，直旦夕事耳！以此陈情于朝如李令伯，则报陆尚有日也，夫是之谓大有庆者。余因论著之，以征世德，以从诸贺之末。

翰林院左春坊日讲官起居注年家眷教侄陆可教顿首拜撰。[出处:《李氏开先祠族谱》,民国十七年第九次重修本]

诰赠公赞

杨起元①

君不见,河源长者通奉公,累仁好义传无穷,当时坎坷亦不细,孑形只影经四世,孀居大母幼稚孤,堆镪积谷翻为屠,扶持不赖神明力,祸成岂徒鸡犬毙。明哲实称大母贤,买舟即日城中迁。公生倜傥人竞怜,名高方始英妙年,粤中劫人求赎命,夜归山庄落其阱,入舟慷慨前致辞,千金寿君来不迟,苦我徒为族人资,诸君劳苦将胡为,终日不忧亦不惧,对目从傍谈胜负,日生月没心暗瘅,计期应得家人至,家童乍见啼呜呜,佯嗔痴仆若何愚,此中养我家不殊。观棋如故任人呼,须臾登舻授以策,还报人人皆动色。金钱货重众易窥,饮君水市便君索,市门设脍霜落刀,壁中暗置甲卒豪。公出即已缚其曹,此货愿充捉捕劳。忍闻若辈群哀号,文网莫解沾公袍。里巷小儿性嗜酒,遗金

---

① 杨起元(1547~1599),字贞复,号复所。明代归善县塔子湖(今属惠州桥东)人。少聪颖,隆庆元年(1567年)中解元,万历五年(1577年)成进士。历任编修、国子监司业、司经局洗马、国子监祭酒、南京礼部右侍郎、南京吏部右侍郎摄吏部、礼部尚书事。万历二十六年(1598年)召为北京吏部右侍郎兼侍读学士。学于罗汝芳。著述有《文懿集》12卷,及《识仁编》《证学编》《诸经品节》并传于世。告假时常在惠州讲学,归善、河源、东莞等地从学者众。树东公尝从其学。

道傍醉却走，空村野店偶拾之，一奴长须待人取，黄昏失者泣不休，公笑若能不饮否，橐中金在授若手，亦曾折券不受偿。他人义公公何有，人生积德报子孙，子孙振振今满门，就中五色金麒麟，覃恩二代报公身，坟前紫诰光岣嵝。谓天不信彼何人？呜呼！谓天不信彼何人！

万历十七年岁次己丑孟秋之吉，赐进士出身，国子监司业前解元、翰林院国史、鹅湖杨起元顿首拜题。[出处：明·杨起元《杨复所先生家藏文集》，明崇祯杨见晙等刻本]

诰赠公暨潘夫人传

何洛文[①]

门人王子介卿，为长芦司同知，逾月而走使者再，曰："不佞僚长李公若临，宽然长者也，而廉洁好修。以不佞藩之，兢兢名行也，而知之独深。又因不佞以知先生，求其为大父母传，惟先生幸许。"夫李公循吏，微介卿言，予得之神交久矣。然非其上世渊源，曷以自哉？乃采其《状》作传，曰：

---

① 何洛文，字启图，信阳州人。渊源家学，少有文名。嘉靖乙丑成进士，改庶吉士，授编修。神宗登极，擢修撰，充经筵日讲官，数受白金文绮之赐。历中允谕德、侍读学士、掌院事詹事府少詹事、礼部左侍郎，凡7任，词垣周旋讲幄者10年。与修《两朝实录》《起居注》《大明会典》。以读礼归，遂致仕。卒，赐恤典。

李翁讳珧，字景星，系出惠之博罗，四世祖义先之子洪保，徙居河源。洪保子曰绿筠居士，名富，慷慨清逸，结轩种竹，远迩称慕之。配陆氏，有贤操，居士子曰必荣，自称筠轩，孝友醇雅，有父风。娶蓝口叶氏名家女，生翁于曾田之银塘里。翁颖异殊常儿。无何，筠轩公及叶相继逝，育于祖母陆孺人。翁家故饶，然自绿筠居士皆孑然一子，而翁又少孤，族人睥睨其产者遂有异谋。一日，陆孺人携翁过族人家饭，族人密谋注酒二壶，一壶置鸩以饮翁。苍头从者卧草中，闻其语，亟呼二郎毋饮。陆孺人携翁出，曰：“以是藐孤，安能日与鸩邻乎！”遂卜入城避之。居邻潘氏。潘氏者，即翁配潘夫人之母家也。孺人见夫人庄慎，有女德，遂委禽焉。及受室，俱年十四，出入相敬，人比之冀缺云。翁性简静，有远虑，尝自舟还，有海寇劫翁过其船，大言谓曾田人曰：“欲李某生还者，亟以千金来，不则畀尔尸矣。”翁好谓寇曰：“是恒欲鸩我而利吾产者，公等不闻乎？千金无来期矣。”幸宽之。寇因宽公，又爱公俊爽，闲与公弈。潘夫人闻变，驰使告惠州卫石千户，设伏公卒鱼脍栏以待。而先走仆侦之，仆遥见翁，泣。翁曰：“与诸公游甚欢，何泣也？”佯若不与仆语者，观弈自若。寇促翁曰：“速出问其金钱何来，若不欲生还乎？”翁乃徐出，就仆语，得伏卒鱼腥栏状，且阴戒仆云云而去。返，谓寇曰：“如数矣！第金、钱各五百缗，不易致，幸移舟鱼腥栏就之，何如？”寇喜如言，翁因治具与寇饮。饮酣，寇稍懈，翁乘间趋出，犇伏卒所。诸伏卒出，悉捕寇，竟如翁与仆所阴戒也。翁尝偃息内庭，有叩门字翁者甚急，翁戒仆曰："第答之他出矣，即不善，勿与争。"其人果入而大詈，毁庭中器物，数事而去。盖先以送徒事与公有竞，故弄一尪子于门，伺翁出而以杀人诬之也。翁不出，谋乃败。

初，河源已迁，故城墟矣。翁尝欲迁居古城之长塘，人莫晓其故。又，尝卜宅不取近市者，而僻居湖背。曰："吾不欲子孙习侈靡。"后，新城果以水啮徙复古城，而他市居者，子孙多以奢败，皆如翁所料云。性轻财乐施，有市子醉，遗金百四十，翁行得之。其人醒而号且泣，翁召之责曰："汝以一囊金易杯中物，何泣也？金在此。"顾仆付之。其人请割半为翁寿，翁笑曰："还遗金者，乃利其半耶？"复请以数金谢仆，仆亦坚却之，曰："不以是区区者污主人公义也。"百户子张镗者贫，且岭南去京远，不能袭职。翁贷之金，镗以宅券质，翁曰："吾哀王孙而延若世，岂望报哉！何券为？"

翁五子，尝谓"吾先世皆力田，无显者，不复欲尔曹终田舍儿也"，课督经艺甚严。而翁年甫四十，早卒。潘夫人承翁志，令五子各就一师学，岁具纁贽，视翁在加。睥曰："庶几见尔等成立，他日得籍，手报尔父地下也。"初，长君弱冠时颇豪举，与贵公子游。夫人戒之曰："尔无其贵而习其奢，可乎？且父不近市居，谓何尔忘之？"长君遂折节为俭，各先后游庠序有声。诸孙亦文学，彬彬继起，今转运于诸孙中，少有贵征，淑人尤钟爱之。初廪学宫时，夫人曰："汝当大吾门，一书生廪，不足多也。"甲子，举于乡。捷至，家人欲张鼓乐，夫人曰："孺子一计偕，何遽夸耀里闾？且令易满耳。"后竟成进士至今官。其族人居曾田者，子孙悉破产落魄，夫人岁时存恤，仍命子孙善视之。人曰："是岂报鸩酒德耶？"夫人曰："此吾所以有今日也！且嗤嗤者何足芥蒂？昔李固女戒其弟，不得一言及梁氏，况同姓乎？"夫人善待媵妾，有樛木小星之风。适廖氏者，庶古所出也，早嫠而贫，夫人厚恤之，爱于己出。且曰："吾百岁后，遗衣物尽当付之，以成其节，吾女不得有也。"翁又姊，适郎者中岁产旁落，夫人以五十亩种之田赡之，谓子孙曰："尔父鲜兄弟，一老姊忍令独食贫乎？"

夫人内政斩斩然，平居虽藏获不见有疾言怒色，年七十有九卒。卒之明年，为戊戌，转运公举进士，又廿一年，以今官三载课最，得叨恩大父母，赠翁大中大夫，长芦都转运盐使，而潘为淑人。云所谓五子者，长学孔，邑诸生。次学颜，领岁荐，不仕归养，即转运公父也。初封奉直大夫，南京工部郎中，后加封如翁所赠官。次学曾，由诸生入大学。次学思，岁贡，韶州府训导。最次学孟，邑诸生。女三，二夫人出，一即古出也。子之子廿有五人，转运公为第六孙。余诸生八人，孙之子三十二人，领乡荐者一人，即转运公长子树桢也。诸生五人，余尚少。今曾孙之子已十有五人矣。

史何子曰："李氏其先单传者，再不绝如线，至大中翁后不一，再传后而子孙至数十百人。先世力田，称素封耳。翁及诸子若孙，金章紫诰，奕叶相望。"诵周家者曰："绵绵瓜瓞，民之初生。"释者谓："瓜近本者常小，至末乃大。"信其然矣！又曰："思齐大任，文王之母。思媚周姜，京室之妇。大姒嗣徽，音则百斯。"李氏自陆孺人迄潘夫人，世被二南之化，子孙众多，又何其酷相肖也。昔樗里子卒，曰："必葬我渭南章台，后当有官夹我墓。"闻翁之卒，亦曰："必葬我黄沙二先人墓侧之某地，当有异也。"及穿土，果有黄土尺许者间其中，左右有五色土，深广如双圹者夹之。噫嘻！何其能前知也？是亦称智囊哉！宜其屡脱于难而贻后之远也。

赐进士第、嘉议大夫、礼部左侍郎兼翰林院侍读学士、前纂修国史，信阳何洛文顿首拜撰。〔出处：《李氏开先祠族谱》，民国十七年第九次重修本〕

大中丞李斗野先生八十有一序

韩日缵

隆、万间，吾郡登八座，为时名臣，盖有三先生。叶太保扬历四镇，告捷无虚岁。其最著则俘哼馘刘，芟除逆孽，煌煌社稷之烈也。杨少宰学窥圣域，大阐微言，明道淑人，呼聋振聩。虽鼎铉之业未竟，而天下仰之。有如景星卿云，中丞李先生介其间，兄太保而弟少宰，鼎足而立。

先生以嘉靖甲子举于乡，戊辰成进士，距今甲子六十年。先生行年八十有一，聪明善啖，拜起强驶，有少壮所不及。叶、杨二先生谢世二十余年，先生岿然为鲁灵光。客问韩子："三先生鼎足而立，独先生以久特闻寿，因有道耶？"韩子曰："缵闻盈虚消息，天之道也。"禄位名寿，造物者忌于多取。先生始仕为理，称良理，理官苟文无害。十七得台谏，而先生迁郡丞。既为，即出守衡州，称良守，守以治行闻。十九得藩臬，而先生迁都运，量移参藩。旋以艰归。家食十余载后，长楚臬。楚宗煽祸，氛甚恶也，先生披忠信、示慈惠，使之消其反侧，以就我衔勒，所不至为寘鐇、宸濠之续，恃有先生耳！此一役也，无亡矢遗镞之费，芟除大难，而当事者故抑之不录也。士论久而明，先生乃长藩于粤西、于滇南，甫授节钺，席未暖而拂衣归矣。先生宦迹所至，皆有功绪，卓然可为永赖，而未尝有显擢，何树之丰而获之俭也？

犹未也。先生槎邑产，邑城为槎江所啮，大为民患。赠公与当事者相厥高原，得古祯州故址城之，定邑居迁焉。故城东有鳄湖，城恃为险，尾闾泄之，变为桑田。先生请于当事，筑圩渚水，设险为固。又凿石通水抱城，民利其汲，土把其秀，先生于桑梓可谓勤矣。形家者言，旧学宫形势非便，邑治南向不如东北当其旺也。县大夫意与先生合，先生遂祖议，捐赀庀材，为邑人倡，视邑事为家事，邑中尸而祝之矣。有恶少年狺狺其舌，谓先生所改，非是当事者入其间。先生复转圜听之，毁其家以利邑之人。先生不辞而多口为政，何德之施而怨之偿也？

犹未也。先生守官廉介，一镪不轻入。语不云乎？"廉吏久，久更富。"先生通籍五十余年，不为不久矣！当赠公在堂，先生俸入无私蓄，无私货，一禀命于赠公。赠公既没，先生经营四方，更不复问家人产。故五十年来，产不逾中人子弟，恂恂由礼，布衣粝食，不殊一寒酸士，绝无富贵家鲜衣怒马之习，清白门风，岂不亦施于有政哉？而所取于世，所修于勤，而享之犕也。

盖叶先生功名赫显，先生以真实心修政建事，事集而不尸其功。楚宗之变，消萌弭衅，折冲樽俎之间，功与银夏相颉颃。杨先生振铎于时，士类翕然宗之。先生不言，躬行如万石君家，孝谨表仪乡国。目击道存，先生兄太保而弟少宰，吾郡山川实式灵之。顾少宰优游，彙笔荐历清华，藻帝谟而恢皇绪，没而得美谥。吾郡之有谥名，自少宰始，取名则已奢矣。太保竹帛旗常，功在盟府，官都一品，尝延于世。吾郡之有世爵执金吾，自太保始，于禄位则已赢矣。

夫盈虚消息，天之道也，造物者忌于多取。先生于三者业处其啬，损有余以补不足。两先生谢世，而先生享有永年，以久特闻，不亦宜乎？抑君家柱下史有言："修之身，其德乃真；修之家，其德乃余；修之乡，其德乃长；修之邦，其德乃丰；修之天下，其德乃普。"余所为诵述先生，皆其修于家、于乡、于邦、于天下者也。先生涤除玄览，专气志柔，奸声乱色不留聪明，淫乐匿礼不接心术，惰慢邪僻之气不设身体。食无兼味，衣无重帛。不与物交，澹之至也；不与物散，粹之至也。虚静无为，俭于位而寡于欲，德之至也。

由前所云，先生所受于世者啬，故天宜益之；由后所云，先生所居于身者啬，斯则深根固蒂，长生久视之道。先生之寿，庸讵可量？先生与先宫谕为道义交，申以婚媾。先生成进士又十年缵始生，缵今逾强仕见二毛矣，乃为先生称八十有一之觞。先生若以为可教，更十有五年为诵抑之诗以寿先生，且以志景行也！

赐进士第、奉政大夫，右春坊、右庶子兼翰林院侍读，诰敕纂修两朝实录，经廷日讲官，奉命册封乐藩，姻晚生韩日缵顿首拜祝。

天启四年甲子冬十月二十三日吉旦。〔出处：《韩文恪公文集》卷八，清康熙刻本，中山图书馆藏〕

祭李斗野中丞文

韩日缵

呜呼！公之得正而没也。距歌鹿之年盖六十有二，距成进士之年亦五十有八矣。身经五帝，仕历二朝，秩至大中丞，宦不为不达矣。五世一堂，曾玄绕膝，象贤济美，兰玉森列矣。一代典型，皤皤黄发，于人间世，福泽亦既咸备罔缺矣。公禄食与家食各居其半，扬历中外，皆有宦绩之璀璨。而最可纪者，莫如定楚中之乱，涂却销萌，俾不至为置镛、宸濠之续者，盖出于公之成算。事定议纷，公奉身以退，飘然挂冠而靡憾。

公为政，于家惟孝友，于居乡善俗，惇史必书。而最可纪者，莫如定新邑之居。改邑、改井、凿石、浚川，俾有聚庐托处之安者，皆出于公之拮据。人各有心，狂吠狺狺，而公毁家为邑，嘉惠枌榆之意，迨晚节而不渝。至于盖棺论定，雪消见晛，无论知不知，莫不含悲交唁。耕者罢耒，织者罢红。宗戚哭于堂，邻里哭于巷。士大夫之闻者，唏嘘叹息，而嗟老成之沦丧。

吁，嗟乎！槎江长流，桂山巉嶕。有觉德行，景彼先哲。余妹公媳，中道先折。含泪酹公，能不摧裂？溪毛涧萍，公其来思，而鉴予之菀结也耶！［出处：《韩文恪公文集》卷二十，清康熙刻本，中山图书馆藏］

第四章 君子远逝 千载遗思

乡邑有名贤，山水添光辉。大浪淘沙，唯真金美玉，在时间的濯洗下更熠熠生辉。李焘，一代名臣，光耀粤北，德垂后世，泷水流余韵，桂山仰高风。而一代名臣之养成，不唯山水灵气所钟，天赋良材美质，更有赖先人亲身垂范，家教庭训，家风传承。

李焘的先祖李景星，命运坎坷，历经磨难，却和睦邻里，慷慨好施，重视教育，督课子孙。李焘的父亲李学颜，也是一位富有远见的仁者。他秉持"履仁蹈义、济人约己"的家风，与其父一般孝友持家，崇儒尚礼，教化子孙。他为人仁和敦厚，开渠筑湖（鳄湖），捐赠家财，品行足为后人之典范。

李焘为官刚正，为人淡泊，这其中有着长辈的谆谆教诲、言传身教，也有自我的修养和天性。他多年为官，身修行洁，爱民如子，政绩卓著；退隐时洒脱不羁，徜徉山水，吟诗作文，心性淡泊，有五柳（即陶渊明）之风。然继承乃父遗志，恢复故城，助迁学宫，凿渠修湖，利乡利民，又足见其古道热肠。他这一生，笃学多才，勤政廉政，孝悌亲长，淡泊名利，品行之善，几近完人。如此俊彦，后世并不多见。

这不由令我们深思：我们该从先贤身上汲取什么样的精神财富？如何为人处世？如何教化子弟？传承什么样的家风？正是：君子虽远逝，千载有遗思。

第一节　李焘生平简介

李焘（1544～1625），字若临，号斗野，广东河源人。自幼聪慧，幼承庭训。21岁乡试中举，25岁中进士。初任福建泉州府推官；再任浙江金华府同知；3任南兵部职方司员外；4任南工部营缮司员外，署郎中事，授阶奉直大夫；5任南工部郎中；6任湖广衡州府知府；7任河北长芦都转运盐使司运使，授阶中大夫；8任广西布政司参议；9任湖广郧襄道，整饬兵备；10任湖广按察使；11任广西左江道；12任广西右布政；13任云南右布政，旋转左布政；14任巡抚云南都察院副都御史，兼督川贵兵饷，授阶通奉大夫。为官

52年，历官14任，官至二品，封赠三世。

初任福建泉州府推官，执法"方严持重，临事善断，而操之以廉平"。闽中凡有大案，必推李焘主理。时有漳浦人蔡明复，嘉靖丙辰进士，曾任广东潮阳知县，因贪渎被纠，归休家居。蔡居家仍多不法事，郡邑大吏均不敢过问。李焘不惧权贵，依法处置。同僚佩服李焘敢任事，李焘对同僚说："若无执法，亦无专成，惟执其衡而取裁于上，不亦可乎？"

改金华府同知，与布衣诗人黄克晦诗文唱和，成为至交。其操持"廉仁明断，重民命，释冤狱，除剧贼，惠爱小民"。此前有一谢某，阴发人塚，累其族7人冤狱。李焘到任后，重审案件，细辨案情，查出伐塚者，立毙杖下，7人释冤。

迁南京兵部职方司员外郎，继晋南京工部营缮司正郎，奉敕督修皇陵及殿宇，3载考满，课绩称最，朝廷授封为奉直大夫，表彰其："志操以历试而益励；才猷以绵亘而愈长。"在南京时，与骆问礼、顾大典、周光镐等等结诗社，诗文唱和，文士聚集盛事，一时闻名于留都。

擢湖广衡州府知府，不以家眷为累，独自一人赴任，一心为政。时故相刚退出宰相位不久，其党羽遍布各地。李焘上任，不事逢迎，整肃政弊，无论官民，违法必究，若不知有故相。因失权贵人意，上奏朝廷告状，几被中伤，后以朝廷公论得免。在衡州知府任上，力行节俭，移风易俗，取四大礼，度民所能行者辑为《四礼简仪》；又手书司马温公《训俭示康》刊示民间。于乡间教习礼仪，各种陋俗随之改变。并言传身教，与府中胥吏同食，皆以脱粟、蔬菜为餐。又重视教育，留心学校，重修石鼓书院。政暇，亲临教席，集诸生讲论肄习；与诸生谈经讲艺。其为政清廉，爱民如子，衡阳里闾乡民称其为"李佛"。衡州府一任6年，政绩斐然。升迁盐运使后，衡州缙绅士大夫在石鼓书院前诸葛祠前立"李公祠"祀之。

升沧州长芦都转运盐使司运使，不谋私利，两袖清风。朝廷授封其中大夫制词曰："俾掌利权，惟不染而积蠹以除，惟不苛而商灶以裕。"正是对其为官盐运使一任的评价。因考绩称最，授中大夫，诰赠3代。

改任广西右参政，深入瑶乡，除暴安良。编审户籍，化徭户为编民，治蛮化俗，至是3年后，乡风改观，道不拾遗。

升湖广按察使，适逢"楚宗之乱"，扬清荡纷，刚直不阿。时楚宗事纷急，实为楚宗犯法，李焘在事发现场，好言劝谕众宗藩，拘束少数犯法者，局面受控，事态遂定。而在陨阳的巡按道听途说，不明事由，竟以谋逆上告。朝廷令邻近省会集5路兵急赴武昌会剿，一件简单的案件动用军队，几酿成大乱。幸李焘与薛三才等早已将事态控制，恳罢5路征兵。事定后而当事者领兵至，见楚宗事已定，而委蛇邀誉，以图首功，上奏犯宗被擒并叙功。事后会勘，又以"叛逆"定楚宗罪，意图掩其扩大事端集兵之失，坐楚宗叛逆之事为实。因其实质涉及朝廷党争，李焘虽无力与朝廷抗衡，但不与奸臣为伍，会勘时，大声疾呼："一鸡筋何有？奈何以头上进贤，坐见汉水银潢、王泽竭乎！"愤然罢官而去，退隐回乡。归乡后，隐居泷下，与田夫野叟商晴雨，与缙绅士夫谈诗书。而当事者以私废公，对李焘定楚宗之乱政绩抑之不录。事论久而明，数年后，东林党人追究浙党"楚宗之乱"当事者责任，朝中公卿持公评之正，倡言于朝，拔起沉沦，复其官。

补任广西左江道按察史，改升广西右布政使，再改升云南右布政使。云南西路险要，道路梗阻，军民难入其境，土酋每每作乱，流官自身难保，州县孤悬于荒僻，四处无援，社会秩序失控。李焘到任后，疏请开辟西路通道，通西路1500里，军民得以进退。盐井积弊，不利于民，力请裁革。开垦荒山以安置流民，以耕者有其田而使民安居乐业。垦田数万顷，增盐饷千余，民食其赐，三宣六慰之民如沐甘霖。又与同僚诸公疏请改土归流，增设云龙县治。在云南右布政及左布政任上，辖治6载，膏润不染，两袖清风。巡按御史毛堪巡视云南3载，见李焘治行，向朝廷奏请："外访得云南右布政使，今转左布政使李焘，心平气和，识精养粹，才裕经文纬武，望隆清庙明堂，伏祈敕下吏部再加查访，将李焘需次擢用。"

晋右副都御史巡抚云南，兼督川贵兵饷，甫履任受事而遭言官白简。时浙党重新据朝廷言路，对东林党人大肆排斥。李焘念已年迈，上疏告老而归，隐居泷门以终老。

年82卒，谕祭葬。而其开辟云南西路之先见，得朝廷公心者赏识。此后，云南西路的开辟，为稳定云南起了很大的作用。

李焘实心为政，清正廉明，历官所至，皆有政绩。学宗白沙甘泉而无意立言；累秩至二品官而不结私党。虽官在外，但尤关心乡梓。河源老城历遭水患，李焘之父李学颜请建上城，历经10多年努力，在李焘父子及几任县令的努力下，各方集资捐款，终于在万历十年上城建成。民众迁入上城10余年后，因鳄湖沥洩，城失其险，李焘请于同科进士制府陈蒧，捐军饷200，并乡绅各方捐赀，开挖鳄湖，开渠引水，蓄水环城，城赖以避险，遗惠乡梓甚多。正如当时的翰林院修纂官李维祯言："李公于全城有力焉，吾侪小人，城以内夜户不闭；城以外水不为灾，而为用几与造化争衡。食其德而不思报，非人也！"

时任礼部尚书韩日缵言："先生经营四方，更不复问家人产。故五十年来，产不逾中人子弟，恂恂由礼，布衣粝食，不殊一寒酸士，绝无富贵家鲜衣怒马之习。清白门风，岂不亦施于有政哉？"河源进士邝奕垣有《怀李中丞》诗："我爱李滇抚，为官五十年。厨无隔宿肉，囊乏用余钱。意厌城市闹，情钟泷水缘。遍观利达者，可不谓前贤。"这是对李焘为官一心为政、清正廉明的最好评价，被人们称为"槎城之魁"。

第二节　崇儒重教　勤奋读书

孤遗奋迹创家业

河源开先祠始祖李景星，年幼孤遗，因避家难，61岁的陆祖母携年仅11岁的李景星来到河源，在下城租借了一处地方（今明珠华庭西侧），从此在河源安顿了下来。住处与潘氏为邻居。潘家有一女子，与李景星同年，一段时间的相处了解，陆祖母见潘氏女年幼贤淑，举止端庄，年14那年（1503年），陆祖母为李景星与潘夫人举行了婚礼。一对年少夫妻相敬如宾，从此在河源开基创业。

李景星虽年少多灾多难，但有过人的胆识，有勇智谋。在遭遇江上劫寇时，冷静面对，计谋智取，终逃离劫难。经历生活的磨难，李景星的性情也变得简静，他想起自己的身世，不禁常常嘘嘘不已，慨叹时运不济，命运多舛。而李氏一脉的传承与光大，重任全在自己一人身上，虽历经磨难，但应勇于面对。也懂得了做人做事须有远虑、多积德行善、济人约己、趋灾避凶、谨慎从事的道理。

城中街坊邻居，有一个名叫陈懿宁的人，平时喜欢酗酒。有一天，陈懿宁酒醉后身上的金钱不知在哪丢了。李景星拾得遗金，吩咐家人廷珊先藏好。等到陈懿宁酒醒后，发觉身上的钱丢了，顿时呼天哭地，欲寻不得。李景星严厉地对他说："你整天酗酒，今日丢了钱，你自己应该好好地反省，有什么好怨天的？从现在起，你应该改过从新。"

见陈懿宁已经有了悔意，并表示今后不再酗酒，李景星叫廷珊把钱原封不动地奉还给陈懿宁。陈懿宁谢天谢地，万分激动，对李景星说："包内有140金，愿给你一半，以表谢意。"李景星笑着说："我若是个贪财的人，此钱就隐瞒全要了，何必还要你的另一半呢？"几番推却，坚持不收。陈懿宁只好说："既然公不收，那么给点钱廷珊也是应该的。"给钱廷珊，廷珊也推却，说："我的主人好义，我也应与主人一样好义。"这种拾金不昧的义行，得到了邻里街坊的颂扬。

城中街坊有一家祖上军职为百户长，有后裔名叫张镗，按明朝例，子孙可以袭祖军职，或授予实职，或在家待召。在家待召者，虽是虚职，但定期应到兵部报到。因家境衰落，生活贫困，张镗无路费远赴京都袭职，再不按时报到就要废除职名了。其家中仅剩下一间破屋，自己叫人写了一张屋契，想将屋以10金典当给李景星。李景星了解情况后，不但不收其屋契，并愿意全力资助其费用，使张镗能按时赴京都报到，袭职而还。

李景星在河源孤遗奋迹，在心中逐步形成了"履仁蹈义，济人约己"的思想品德，崇儒尚礼、孝友持家的治家之道，和睦邻里、慷慨好施的处世态度。终在河源创业兴家。

肇基儒业重教育

随着子女的出生，李景星从自己历尽磨难的人生中，感悟到读书教育的重要性。他将5个儿子的名字取名为"孔、颜、曾、思、孟"，他不想自己的子女像自己一样没读书，用儒家圣人的经典为名，意在崇儒尚礼，用儒家思想教育好自己的后代。

下城常遭水患，李景星想迁往高处，想在古城（上城）长塘处筑房屋，但周边全为荒圹墓地，没有好屋基。而城内闹市中有一处地方待出售，大家建议李景星选闹市居住比选荒郊好。李景星说："闹市中所能见到的，无非可玩可嗜之物，我担心我的子孙玩物丧志啊！"于是迁居湖背（今长塘街附近），自明正德末年，从下城迁到湖背，至明万历十年（1582）迁入上城，李氏子孙在湖背居住了60余年。其他姓迁到闹市的子弟多习性奢靡，而李姓子孙多习性好学，正如李景星所料。此可见李景星当时迁居的远见，也可见其为教育好子孙后代崇儒尚礼的一片苦心。

长子李学孔稍长时，李景星对其教育甚严，常常说："先世孤苦，世代力农，我不愿看到你们不懂诗书，只懂耕田。希望你们勤奋读书，振兴家业。"苦难的身世留给他太多痛楚的记忆，也认识到只有读书才能改变家庭的命运。他甚至采用果饼奖励、藤条惩罚的教育方式，教育儿子们好好读书，他不想子孙再遭受苦难，把读书兴家的希望寄托在儿子们身上。这种观念，在他为儿子起名时已经有了深刻的认识，河源李氏崇儒尚礼的家风从此形成。

　　李景星英年早逝，留下了几个未成年的子女，唯李学孔成年，已婚配。这抚养教育儿子的责任，便落在了潘夫人身上。潘夫人勤俭持家，也知道夫君希望儿子好好读书的遗愿，对儿子的教育更加严厉，说："你们将来长大后，好好读书，考取功名，报答你们父亲在天之灵。"李学孔也成了家中的支柱，家中内外大小事需李学孔来处理。李学孔好交朋接友，轻财好施。西邻马太守家的马公子荣华富贵，李学孔与他交往密切，而当时李学颜、李学曾、李学思、李学孟年龄还小，没有冠婚。潘夫人担心李学孔受马公子奢靡习气的影响，严厉教育李学孔，说："学孔，你知道敬仰名贤当然是好事。但你也应该知道，唯勤俭才能持家。你父辈留下的家业，若给你一个人，你过日子当然有余。你这样学别人家奢靡，难道你就不想想你那几个年少的兄弟吗？"李学孔听进了潘夫人的规劝，从此不再奢靡，节财俭用，但又不失得体大方。所交游的朋友，也是一时的贤豪，但时时能谨记潘夫人的教诲。

　　兄弟5人年龄差异，长幼不齐，施教不一。潘夫人为了让儿子能接受良好的教育，继承夫君李景星崇儒尚礼的遗志，她为李学孔、李学颜各请一私塾老师，根据不同的年龄段施教。潘夫人对老师非常尊重，常常给予厚酬。随着李学曾、李学思、李学孟的相继长大，潘夫人同样为他们请私塾老师，凡认真读书者，时常给予奖赏，不认真读书者，就用藤条鞭打。兄弟 5 人均得到了良好的教育，崇儒尚礼的家风日益兴盛。5 子皆知学，学有所成。李学孔为庠生；李学颜为岁贡生，李学曾为例贡生；李学思为岁贡生；李学孟为庠生。

崇儒尚礼成家风

嘉靖二十三年十月二十三日（1544 年 11 月 7 日），李学颜的次子李焘出生。家人谁也不曾预料到，正是这个李焘，让河源李氏家业得到了光大，光宗耀祖。

孙辈们接连不断的出生，给潘夫人带来了无比的天伦之乐。她对后代的教育也从不松懈，也常常讲述先辈创业如何艰难困苦，历经磨难，教育子孙珍惜幸福，好好读书，好好做人。

一个人的成长不是偶然的，既离不开良好的教育，也离不开良好的家风。李景星与潘夫人形成的崇儒尚礼的家风，影响了子及孙。李焘 4 岁时，在良好家风的熏陶下，已能朗诵诗句，并常常对诗句的意思反问如何解读。大人见李焘聪慧，宠爱有加。李焘弱冠时，潘夫人膝下真可谓子孙满堂了。5 个儿子所育的孙子有一大帮，教育的方法仍沿袭白日各自到私塾跟老师读书，晚上集中在家朗诵，由李学颜负责督课子弟。在书屋墙壁四周点亮油灯，书房中放置果饼、藤条，朗诵声音明亮无误者奖励果饼；朗读不认真或错误者用藤条鞭打。每五天随机抽一诗句，必须完整无误地背诵出来。所读书从四书五经、史记等等，一一诠释要领，疲倦了就练习书法，日日如是。这种严厉的教学方法，使得李焘等孙辈们从小就养成了爱读书的习惯。长兄李学孔早年（1545 年）英年早逝，李学颜除每天要督课子弟外，自己也在不断努力考取功名。嘉靖三十八年（1559 年），以成绩优异拔为儒学教授，第二年，以和平学额考取了岁贡，入读大学。

嘉靖四十三年甲子（1564 年）春，21 岁的李焘先是参与督学举行的乡试选拔考试，考试结果仅仅处在二等水平，幸好因之前考试成绩优秀，被列为补廪生。时李学颜以岁荐入大学，不在家中。潘夫人闻知，即召李焘过堂，命李焘在庭中跪下，说："你不要以为你得到了补廪生而感到满足，这样的成绩，你怎样向你的父亲交代？你父亲如果在家，能就此放过你吗？你必须加倍努力，争取更好的成绩。"李焘承诺，答应会更加努力，争取在秋季乡试考取好的成绩。是年秋，广东乡试，全省中举80人，李焘中举，名列第44名。

这年秋闱，河源李焘、潘思诚中举，离上一次河源人中举人的时间已经48年了（1516年李时新中正德丙子科），这对源城以及河源李氏家族来说，是读书人及家门值得庆贺的一件大喜事，家家户户传为佳话。亲朋好友喜悦的心情难以言表，准备好了鼓乐庆贺。而潘夫人却有不同的想法，对亲友们说："焘孙偶尔侥幸，不要在街坊邻里中显耀，他的年龄还小，我担心他少年意满，不知继续进取。"

李焘的中举令其父李学颜非常高兴，家族振兴终于有望，自己没有实现的愿望由儿子去实现。嘉靖四十四年（1565年），李学颜考虑到当时潘夫人已七十有六，身体欠恙。长兄早已不在，李学颜为了尽孝，决定放弃外出做官，在家奉养老母亲，同时可督促李焘继续考试，并教授其他子弟。

李焘科举振家声

隆庆元年（1567年）十月初四，潘夫人正终寿寝，享寿79岁。她为河源李氏的家业付出了毕生的精力。李景星逝世时，儿子尚年少，如今已子孙满堂。她完成了夫君李景星生前崇儒尚礼的遗愿，把一个世代靠种田为业的家族，变成了知书识礼的家族，她可以毫无遗憾地告慰夫君李景星的在天之灵。

刚祭奠完潘祖母的李焘，因赴京赶考，告别父母及亲友，匆匆赶路。这是李焘人生第一次远赴京都，临别，父亲李学颜再三叮嘱，母亲马夫人为李焘准备了充裕的盘缠及用品，亲友均来送行。在燕石亭下船，赶赴惠州，再与惠州府考生往省城提学署报到，与广东考生同路赴京。隆庆二年（1568年）二月，25岁的李焘在京都参加了朝廷会试。本科会试，共有4500多人参加，由少傅太子太师、吏部尚书、建极殿大学士李春芳，掌管詹事府、礼部尚书兼翰林大学士殷士儋为主考官。考试的八股题目首题为：由诲汝知之乎？次题：舜其大孝也欤！三题：吾岂若使是君。经过会试考核，在4500多人中，选录了403人入围殿试，李焘顺利进入殿试。三月十四日，朝廷命少师兼太子太师、吏部尚书、建极殿大学士徐阶等13人充读阅卷官。三月十五日，殿试，参与廷对者403人，李焘廷对优良。三月十八日传胪（放榜），本科录取一甲3名为罗万化、黄凤翔、赵志皋；二甲77名，三甲323名。李焘的考卷被评为第三甲第109名，赐同进士出身。

当李焘中进士的消息传至河源，全城为之轰动，自明成化甲辰年（1484年）马升中进士83年后，才出现李焘中进士。喜讯对这个小小的县城震动不少，读书做官的示范效应也很大。平时人员稀疏的长塘湖背，因李家出一进士，突然变得像闹市般热闹，街坊亲友前来道贺的人络绎不绝，令李学颜及马夫人应接不暇。县令吴一奇也带领随从前来道贺。当李焘返家时，亲朋好友、男女老幼几乎全城出迎，县令吴一奇率领仪仗，鼓乐喧天，城中犹如盛大的节日。李焘中进士，不但为河源争光，而且激励了更多的人勤奋读书。对李家来说，光耀门庭。李景星的遗愿得以实现，李学颜个人的理想也在他儿子身上得以体现，完成心愿。

李焘故居

第三节　勤政爱民　廉洁公正

执法严明，仁声溢于七邑

　　隆庆二年（1568 年），李焘中进士后，吏部初授官职为福建泉州府推官，负责刑狱、审判等执法。于隆庆三年春（1569 年）到泉州府上任。与他共事的上司是泉州知府朱炳如，刚出道的李焘对前辈们都非常尊重，他除了熟悉自己的责任范围，也主动协助知府朱炳如处理事务。闲暇，认真阅读《大明律》等，熟悉大明法例。执法先正己，他对自己要求严格，处事廉明公正，审案不纵不枉，方严持重。对于复杂的案情能洞析细微，冤屈能伸，奸宄难藏，理事不乱，刑法不滥，明断刑狱。对原告与被告的状词，能剖析入微，分别虚实，呈状者均不敢以文辞舞弊。即使用言辞掩饰的告状，也难逃其法眼。对下属严格，庭审文书记录案卷，画押签字，均以纪实，不得自增字句，或漏记供词。又能哀矜勿喜，体察民情，同情弱势，不滥用刑法以免伤害无辜。公正廉明之声誉，一时传遍泉州府 7 县（晋江、南安、同安、惠安、安溪、永春、德化），各县凡有大的案件都请李焘升堂主理。下属各县令因事或出缺时，又常常出任代理县令。

　　李焘断案公正严明，不惧权贵。当时有漳浦人蔡明复，嘉靖丙辰进士，曾任广东潮阳县知县。后因贪渎被纠免职，归乡家居。居乡又多不法事，所在县地方官员碍于情面，多避事不敢过问。有官员说："不请李司理，谁能办此事？"于是将此事移交李焘主理。李焘顶住地方势力，依法处理，虽受到了不少威胁和恶言的攻击，但李焘无所畏惧。一些佩服李焘勇气的官员赞扬说："李公真可以担大任。"李焘告诫大家说："若无法可依，就不可能办成事。唯有执法公正，依法裁决，不就可以把事情办好吗。"

隆庆四年末（1570年），李焘升任浙江金华府同知。任内获知有一久而未决的冤狱，事因27年前，有一谢姓人因纠纷偷偷挖了别姓人家的祖坟，事件连累了谢姓族人7人被判入狱，而真正的偷掘墓者却逍遥法外。此事过去虽久，但被冤的当事者不服，几任官也不理陈年旧事。李焘闻悉，详细调阅了旧案卷，暗中进行调查，多方获得证据后，对案件重新审理。严惩真凶，其他7人沉冤得雪。李焘在金华府同知任上，廉仁明断，重民命，惠爱小民，得到了民众的爱戴。在任3年余，在升迁南京兵部职方清吏司副郎而离境时，百姓自发沿路送行，依依不舍。

爱民如子，衡民喻称"李佛"

万历八年（1580年），李焘升任湖广衡州府知府。为了能全身心履职，他将家眷安置在家，独自一人履职赴任。时逢衡州府前一年受灾，民众饥馑，李焘为纾解民困，力劝富裕家多纳赋，并给予冠带，同时又减免穷困百姓的纳赋。衡州府属湖广地，当时，朝廷首辅湖北人张居正归休于家，凡官员入楚为官，不论远近，必先登门拜访，以求得重用。而李焘一意民事，忙于政务，不事逢迎，不巴结官宦豪族，不论官家与百姓，秉公办事。因此而引起了张居正党羽的不满，认为李焘不懂为官。一些为了讨好张居正的地方官员借机罗织罪名，上书朝廷告状。李焘把官职看得很轻，对告状事也不屑一顾，说："衡山七十二峰，祝融居焉。若诚无慭于神明，无疾痛于百姓，垂橐而返，临流可餐。吾命藏获扫先人之岗，以待若久矣！"李焘把关心百姓的疾苦作为做官的准则，一心一意为百姓，不在意自己的官位是否可保，也不刻意逢迎朝廷大官以求升迁。幸好朝廷公论认为李焘并无大错，复旨继续任职。

为了改变衡州府的民风陋俗，李焘根据地方民俗的特点，移风易俗，编辑《四礼简仪》教化衡民，又手书司马温公的《训俭示康》刊发于乡间。此后，衡民崇尚礼仪，冠、婚、丧、祭等礼仪蔚然成风，陋俗为之一变。李焘为破除奢侈陋习，以身作则，与公署职员每餐同食，平时皆蔬素果腹，如一介平民布衣，士民靡然向风。

李焘重视地方教育，政务稍闲时，亲临讲席，教习诸生。对诸生的四书、五经、制艺等作文亲自过目。他在衡阳有许多师友及门生，其著者如伍定相、宁咸等等。有考中进士、举人者数人，不少门生成绩卓著。又修葺石鼓书院、甘泉书院，增置书院祠田，使衡州府的文脉世代传承。

李焘对衡州府的社会秩序治理也费尽苦心，他一如泉州、金华审案时的作风，执法严明，行事缜密。立乡约，除奸宄。平时，把一些鸡鸣狗盗之徒定为监控对象，派人暗中掌握其违法动向，对这些人的行为了如指掌。当其作案违法被抓时，即在堂上历数其所有违法事实及证据，违法者奸状败露，无言可辩。衡民盛赞李焘料事如神，称之为"神明"。经过治乱后，民众安居乐业，奸宄无处藏身。豪滑敛迹，衡郡大治。

李焘在衡州府一任6年，凡事关百姓疾苦都倾注心血，造福百姓，政绩卓著，衡州民众称其为"李佛"，以称颂李焘爱民如子的德行。万历十三年（1585年），朝廷升李焘为河北沧州长芦盐运使司盐运使。衡民依依不舍，沿路送行。去后，衡州府仕绅学子及民众，在石鼓书院原诸葛武侯祠前的广益堂中，立"李公祠"祀衡州知府李焘，以表达衡州百姓对李焘的敬仰，不忘恩德。

20年后的万历三十三年冬（1605年），李焘因"楚宗之乱"罢官回乡时，从湖北武昌顺道至衡州府暂留数月，衡阳故旧及民众远道出迎，欢迎李焘回衡州府探望故旧。李焘在诗中描述了当时民众出城相迎的情景："群舟来竞挽，彼岸亦壶浆。青衿何济济，黄发亦跄跄。"可见衡阳人对李焘久久不忘。李焘的《泷门诗选》，也是衡阳人伍定相在广西收集书稿后，带回衡阳与李焘的其他门生共同刊刻。

为民造福，三宣民众沐甘霖

"李焘故居"中堂悬挂一匾额，额曰"三宣霖雨"，彰显了云南"三宣"民众对李焘政绩的肯定和颂扬。

何谓"三宣"？云南古为梁州南境，汉置益州郡，领于益州部刺史。自唐至宋为蒙氏、假氏所据。元置云南行中书省及廉访司，又置曲靖、临安、大理、金齿等处宣慰司。明朝改为云南布政司。云南布政司领宣慰司 6，车里、木邦、孟养、缅甸、老挝、八百大甸为 6 宣慰司；宣抚司 3，南甸、千崖、陇川为 3 宣抚司。

万历三十三年（1605 年），时任湖广按察使的李焘，因"楚宗之乱"而不满朝廷官员的处理方式，不愿卷入党争，以行动抗议主政者玩弄权谋，愤然罢官。回到河源，归隐田园，隐居于泷下（双下），日夕与山水相为伴，与田夫野叟相过从，布衣敝履，淡泊明志。万历四十年（1612年），朝廷中浙党失势，东林党人追究"楚宗之乱"的责任，朝廷大臣自然想到了在事件中刚直不阿、一身正气的李焘，朝议起用老臣李焘。先是恢复其官职，继而改迁任云南右布政。时李焘罢官后居乡已 7 年，年龄已 69 岁，至吏部报到时，旧同僚及友好见其如蓬岛修道之人，虽须发已白，但精神矍铄，气定神闲。

李焘到任后，不顾年岁已高，时常翻山越岭，过激流、攀峭壁，视察土司及州县，观风化俗，体察民情。李焘勤政为民，办学训俗，兴利除弊，在他的治理下，"积案为之一空，夙弊为之顿扫。细及一钱一米，靡不迎刃中窾"。为安置流民，李焘鼓励流离的民众开垦荒地，凡开荒者，前3年免税赋，3年后酌量起科。又改革盐井积弊，整顿盐井提举司。"垦田数万顷，增盐饷千余，民食其赐。"还根据地方情况，以土司自治的方式治理地方，增设流官知州，设立云龙州治。因云南多为荒僻地，各地州县多四面环山，地势险要，交通不便，土酋每每作乱，法令空疏，盗贼满地，地方官府四处无援，常常发生地方官员被杀及土酋作乱事件。为解决这些社会秩序问题，必须开通官道，连通地方道路，使官民得以进退。李焘积极附议开辟西路通道，并毅然身任开路之事，度地画图，精心谋划。度量经费，以盐井收入供开路之费，为开路事殚精竭虑。经数年开路，通一方之血脉，"辟西路千五百里，军民得以进退"。李焘开通西路之远见，直至清代，滇西路仍为稳定云南起到了重要的作用。

时云南巡按监察御史毛堪，巡视云南3年，目睹李焘政绩，上疏举荐。"外访得云南布政司右布政使，今转左布政使李焘，心平气和，识精养粹，才裕经文纬武，望隆清庙明堂。伏祈勅下吏部再加查访，将李焘需次擢用……"

时吏科给事中王元翰，对李焘也给予了高度的评价："从淡泊中生明，以灼群疑之覆，此其间有力焉。从宁静中致远，足祛积玩之根，自非学问之渊源有自，渐摩有年，总属泛精游气，未可语此。尝执是以衡天下士，如吾邦伯斗野李公其人者。"

李焘在云南布政司任右布政3年、左布政3年，治理云南6年，政绩卓著，为云南地方民众造福，"三宣六慰"之民众如沐甘霖。万历四十六年冬（1618年），入京述职，考绩称最，得到朝廷授封官阶为"通奉大夫"，从二品，封赠三代。时李焘已76岁，适云南巡抚一职空缺，朝廷仍对李焘这位老臣委以重任，授任其为都察院右副都御使，巡抚云南。

廉洁修身，为官两袖清风

"廉吏久，久更富。"李焘为官50年，历14任。虽久任官职，但他坚守清节，无私蓄、无私货。清正廉明，一心为政，所历地方，政绩卓著，造福一方。他告老还乡时，行囊萧然，只是几挑书籍。

当他的父亲李学颜在生时，他把俸禄交给父亲作为家用，当父亲去世后，他的俸禄除了家用外，大多捐给了任职地的修学校、筑路桥。故李焘为官50多年来，家产不及中人子弟。平时穿的是百姓布衣，吃的是普通蔬素。

李焘淡泊名利，清心寡欲，不谋私利，不图财富。出则仕、归则隐，喜淡泊、厌纷华。远离喧嚣，近亲山水。他没有自己单独的宅院，只有简朴的田园庐舍。每次回乡，都喜欢隐居在泷下（双下），对泷水（新丰江）有着深厚的情感。他将楚藩王的赏赐金在泷下建了座小筑，叫"千岁楼"（在今阿婆庙左侧），作为自己的读书隐居处。门人广东巡按刘会为他的隐居处题匾"乐彷盘谷"，寓意李焘性喜山水，淡泊修行。李焘日夕与桂山泷水为伴，与田夫野叟相过从，爬桂山，游东江，将自己置身于河源的山水中，俨然一修道的隐士。

李焘的清廉守节，与父亲李学颜对他从小的教育分不开。李学颜经常教导李焘，先祖创业如何艰辛，应树立蹈义履仁、济人约己的处世品质，勤俭为本的治家观念，为官清廉的高尚风节。故李焘在衡州知府任时，也以《训俭示康》的思想教化民间。当他履任长芦盐运司盐运使时，李学颜再三叮嘱："在贫瘠处为官廉洁固难，在沃土处为官廉洁更难。身处沃土，更应以廉洁守清节。"而李学颜自己也身为榜样，常有缙绅以祝寿为名送金钱，李学颜均婉言拒绝，说："我以清白遗子孙，怎能自污名声。"

李焘在长芦盐运使一任3年，廉洁自律，膏润不染。朝廷根据他累任的表现，授他为"中奉大夫"，在制词中对他的评价为："衡州出守，家累弗随，以一琴一鹤之操，励不茹不吐之节。默孚简在，俾掌利权，惟不染而积蠹以除，惟不苛而商灶以裕。累腾荐剡，朕甚嘉焉。"

李焘告老还乡后，当时的礼部尚书韩日缵为李焘81岁祝寿，中肯地评价了李焘的政绩。"先生守官并介，一镪不轻入。语不云乎：'廉吏久，久更富。'先生通籍五十余年，不为不久矣！当赠公在堂，先生俸入无私蓄，无私货，一禀命于赠公。赠公既没，先生经营四方，更不复问家人产。故五十年来，产不逾中人子弟，恂恂由礼，布衣粝食，不殊一寒酸士，绝无富贵家鲜衣怒马之习。清白门风，岂不亦施于有政哉？"

又："余所为诵述先生，皆其修于家、于乡、于邦、于天下者也。先生涤除玄览，专气志柔，奸声乱色不留聪明，淫乐匿礼不接心术，惰慢邪僻之气不设身体。食无兼味，衣无重帛。不与物交，澹之至也；不与物散，粹之至也。虚静无为，俭于位而寡于欲，德之至也。"

李焘逝世后，朝廷遣广东巡按洪云蒸代天秉礼，举行谕祭。称其："惟尔器识渊宏，才猷敏练平允。凤称于执法循良，式著于勤政惠民。"肯定了他一生的功绩。李焘没有给子女留下家产，却留下了无价的精神财富。他的墓葬非常简易，如普通百姓无异。

清代河源进士邝奕垣，作了一首《怀李中丞》诗："我爱李滇抚，为官五十年。厨无隔宿肉，囊乏用余钱。意厌城市闹，情钟泷水缘。遍观利达者，可不谓前贤。"这是对李焘为官清正廉明、淡泊名利、一心为政的最好评价。

第四节　刚直不阿　一身正气

愤然罢官，凛凛一身正气

明万历年间，社会矛盾复杂，官场政治腐败。因地域及各派官僚集团的政见不同、政治利益不同，官场所形成的各种权力团体，依附着朝廷大臣的权势，拉帮结派，政治利益和经济利益的利害冲突发展到了高峰。官场内部不同派系的矛盾尖锐复杂，相互排斥、相互攻击，党争激烈，其中有齐党、浙党、东林党等。在当时，若不依附派系，想在官场立足，尤为艰难。

万历三十一年初春（1603年），李焘在家丁母忧期满，以原广西右参政任改任湖广右参政兼佥事，整治陨襄道兵备，旋升为湖广按察使正堂。李焘在湖北任职期间，发生了"楚宗之乱"。所谓"楚宗之乱"，是"伪楚王""妖书""劫杠"三案接连发生的事件。万历三十一年（1603年），楚藩王宗室族人朱华越指楚藩王朱华奎是伪王。"伪楚王"事件的勘与不勘引发了朝廷派系激烈的党争，郭正域主张行勘，阁臣沈一贯因已受楚王朱华奎的贿赂而阻挠行勘，并授意地方官员敷衍勘查，影响了对事件处理的公正。兵部尚书右副都御史湖广巡抚赵可怀，顺沈一贯意奉命行勘，回复朝廷说朱华越的控告没有凭据。但是朱华越的妻王氏仍然一口咬定说朱华奎是假的，朝廷公卿大臣意见不一。沈一贯借此机会攻击郭正域等礼部官员弄虚作假，郭正域辩解，并揭发通政司隐匿朱华越的奏疏，以及沈一贯阻挠公勘、朱华奎行贿等事，双方争执不下。明神宗下旨，说楚藩王嗣位已20余年，为何至今才告发？况丈夫控告，妻子作证，不足为凭。明令不准再提此事，并将朱华越坐以诬告罪，降为庶人，禁锢于凤阳。而楚宗人仍不服，朝廷派系的政治斗争借机而起，非常激烈。继而又出了一封匿名信的"妖书"事件，在沈一贯的大权操弄下，矛头直指郭正域、沈鲤等人。郭正域被迫弃官回家，途中所乘船也遭到了强行搜查。

九月，又发生"劫杠"事件。楚藩王朱华奎以皇上修祖陵、捐款"助工"为名，向皇帝敬献万金，借机以感谢皇上停勘"伪楚王"案。巨金运送途中，以朱蕴钤为首的不满朝廷处理方式的楚宗室人，纠约了几百人在汉阳进行拦劫，欲搜出向朝廷官员馈送的清单文书作为行贿的证据，事件被称为"劫杠"。巡抚赵可怀闻讯，遣巡按副使周应治前往拘捕，地方通判等官当场拘捕了带头行劫的宗犯32名，裸露其体，一路鸣锣，送往公署。巡抚赵可怀本来熟悉楚藩的情况，因之前办理"伪楚王"案中顺沈一贯意，宗藩恨赵可怀处事不公。赵可怀在审讯被捕的犯宗时说："你们劫掠朝贡，怎能宽恕？"被捕的犯宗争辩说："我们所抢的是假藩王的行贿金，不是朝贡。"赵可怀不听，将全部犯宗关入监狱中。第二天，楚宗人群起闹事，突入府院，擅自到监狱释放被拘的犯宗。按察副使周应治等无法约束，甚至被追赶殴打，只得逃匿于公署内赵可怀处，闹事的楚宗人也一路追赶至公署。当时按察使李焘、布政使薛三才也在公署，协助平息事态，劝喻楚宗停止闹事。当楚宗人见案台上赵可怀的奏疏将以"剽掠上贡"罪上告朝廷时，本来就对赵可怀不满的朱蕴钤和朱蕴爭等人突然发怒，群殴赵可怀，致使巡抚赵可怀当场死亡。事态急变，李焘与薛三才迅速出动公署吏卒，将为首闹事者及殴人者迅速拘捕。薛三才又迅速派人送谍报，以"夺金杀死巡抚"呈报巡按御史吴楷。李焘令公署各衙门坚守职责，召集楚藩王及诸长者商议对策，立即控制宗藩各房，不要出来闹事起哄，并令各房宗藩长老严束宗人，凡在现场起哄者应迅速散离，凡警告不离开现场者即论罪拘捕。在李焘和薛三才对事件的应急处理下，杀人的犯宗被拘捕，其他宗人也受到了约束，事件很快得到了平息。当吴楷收到薛三才的谍报后，闻巡抚被打死，又不明事情缘由及武昌目前的状态，即向朝廷以楚宗"叛逆"告变。

吴楷的"不详揭告"致使万历皇帝未知事态如何，命鄂境严兵戒备，防止击杀大臣的罪犯外逃。附近地区因而哄传楚宗室"称兵谋逆"，惊动朝野，人心惊惶不安。鄂西北的郧阳巡抚胡心得等，甚至集结兵马，请求"会师进剿"。本来是一件刑事案件，却被人为扩大为"称兵谋逆"。沈一贯命湖广及附近省份迅速集结了5路兵马，随时待命征剿。李焘闻知外地消息后，迅速上奏"恳罢征兵"，避免了一场大兵征剿楚宗藩的事件。

而巡按御史吴楷也迅速赶到了湖北，当他到达湖北时，见李焘与薛三才已经将事态平息，但情形并不是他想象和上奏的那样复杂。而"称兵谋逆"的话早就上报朝廷了，朝野上下都知道"谋逆"这事了，如何收场？他是沈一贯的亲信，事情既然如此，不能被其他派系留下话柄，必须坐实其事。吴楷迅速上奏沈一贯，说他已经领兵到达武昌，"叛宗就擒"。并奏："叛宗既获，省会稍宁，乞止各处调兵，并分布本省兵防守。"吴楷刻意模糊平定"楚宗之乱"的平定过程，让朝廷觉得是他带兵赶到后平定的。

当沈一贯正准备下令发兵会剿时，接到了吴楷的奏报，停止了进兵。并升任梁云龙为湖广巡抚，命其迅速赴任。李焘并未理解吴楷的意图，吴楷到后，不但以"谋逆"罪上奏，而且那些不响应集兵的官员被吴楷参劾："罢紫荆关参将朱国忠，以原任湖广都司按臣吴楷劾其兵事不修，怯于应变。"而新任巡抚梁云龙到任后，为了对5路征兵有合理的说词，不但模糊李焘定楚乱的功绩，瞒报诸犯宗被束的过程，而且委蛇邀誉以图首功。梁云龙向朝廷上奏："以收缚楚宗，叙录文武大小各官，抚按胡心得、吴楷以下九十二员，命兵部看议以闻。"一件本来就简单的刑事案件，却调动3省5路兵马，张大其事者不但没被追究责任，反而叙功，而真正平定事件有功的李焘、薛三才等却被瞒报、被抹杀。

为了能坐定楚宗犯"谋逆"之实，巡抚梁云龙不顾事实，以"谋逆"定楚宗罪。李焘做过理官，熟悉《大明法律》，楚宗藩是皇亲国戚，皇上同宗兄弟，不是夷狄，按事件实质也只是刑事案，不属于"称兵谋逆"的政治行为，应以刑事案定罪。因对事件的定性与巡抚梁云龙发生争执，梁云龙说："世有不反而敢公然杀一巡抚大臣者乎？"李焘愤然曰："一鸡筋何有？奈何以头上进贤，坐见汉水银

217

潢王泽竭乎？"批驳主事者只顾官位，不顾事实，冒功领赏，置楚宗藩福祉于不顾的行为，对主事者处理事件的方式大为不满。迫于官阶低微，无力抗衡，只好以罢官相抗。李焘罢官，不与罔顾法律者、冒功窃官禄者为伍，以行动抗议朝廷主政者沈一贯玩弄权术。不计较个人得失，不顾及前途命运，正气凛然，刚直不阿。胸怀"邦有道则仕；邦无道则卷而怀之"的高尚品质。

李焘罢官后，梁云龙等定楚宗狱，犯宗受连累被狱者40余人，带头闹事者被处极刑。更甚者，带至皇陵处决，极度张扬，有失公允。行刑之时而恰逢地震，民心多言天怒不公。宗藩不是夷狄、胡虏，是皇亲国戚，楚宗藩人不过区区3000多人，而参与闹事者不过几百人，且多是因"伪楚王"案不公而参与，并无"谋叛"的政治意图。因何如此大动干戈？当事者的行为和目的一直受到质疑。事件的实质涉及朝廷派系严重的权力争斗，李焘罢官拂袖而去，退隐回乡。而当政者为派系之利益，给动用军队的做法有一个说词，对李焘定"楚宗之乱"的政绩抑之不录。

事论久而明，万历四十年（1612年），回家隐居已近8年，年纪已69岁的李焘，因浙党在朝廷失势，沈一贯对"楚宗之乱"的处理方式遭到了东林党人的追究，朝中的大臣自然想到了平定楚宗乱有功的李焘，而李焘刚直不阿的思想品质也得到了大臣们的敬重，朝廷以公论重新启用老臣李焘。先是恢复其广西左江道按察使，旋改任广西右布政，转迁云南右布政。3年后转云南左布政，又3年后晋升为云南巡抚。

第五节　淡泊明志　静以修身

李焘秉持"邦有道则仕，邦无道则可卷而怀之"的儒家思想，进则仕，退则隐；进则政绩彪炳，隐能淡泊明志。俭于位，寡于欲；虚静无为，砥砺操行。食无兼味，衣无重帛，犹如一寒酸士。

万历三十四年（1606年），罢官归隐的李焘回到河源，他没有钱建自己单独的宅院，也没有与兄弟共住在"石狮李屋"，他用楚宗藩的赏赐金在双下阿婆庙左侧建了一隐居小筑，名"千岁楼"。一方面彰显楚宗藩的恩赐；一方面远离烦嚣，隐居读书，额其书室名"九重书屋"。平时以诗书自娱，日夕与桂山泷水相为伴，与田夫山翁谈农桑。游东江，爬桂山。布衣敝屦，生活俭朴，坚守清节，俨然一修道隐士。门生广东巡按福建人刘会，特来泷下拜访，为小筑题额"乐彷盘谷"，寓意李焘犹如"李愿归盘谷"的故事。从李焘的诗文《无风塞》中，也表达了他的隐居思想："立鱼石下泊孤舟，濯足沧浪烟水秋。日夕壶觞随所便，高深山洞不须求。那知鲸浪兼天涌，常与鸥群竟日游。莫若炎方思解愠，岩扃长夏更清幽。"

李焘"意厌城市闹，情钟泷水缘"。居官有节，居乡有情。他全身退隐，对地方事务尽职的官员大加赞赏，但从不涉地方行政。与乡绅耆老组成诗社，咏风物、抒情感。寄身于山水，融入于乡情，毫无官家习气，乡亲父老皆乐于与其交往，邑事、家事、私事，无论大小，均愿意与李焘叙聊。退隐泷下近7年，乡亲早已把他当乡绅耆老，不知其为官。

万历四十年（1612年），浙党在朝廷失势，东林党人追究处理"楚宗之乱"的责任，朝廷自然想到了定"楚宗之乱"有功的大臣李焘，69岁的李焘仍被朝廷召回，复其官。

第六节 热爱家乡 筑城凿湖

倡建上城，父子惠泽乡梓

河源上城，为河源元代前的故城。因元朝末兵祸，毁于战火，民众遂逐步集居于下城及城郭周围，下城便逐步成了县衙公署及民众的集居地。自元末至明代隆庆年间的近300年间，故城（上城）已成荒山野岭，荒冢遍地。

隆庆二年，李焘中进士，其父岁贡生李学颜，在河源城颇受缙绅士大夫的尊重，李学颜利用自己的影响力，凡乡中有大事，均乐意为公益出力。隆庆五年初夏（1571年5月24日），河源又遭特大洪水，城中的船只被狼兵抢走，百姓无船可渡，倒塌房屋无数，溺毙100多人。大水过后，民众多无固定居所，为使百姓不屡遭洪水之苦，居家有所，必须从长计议，以求一劳永逸。李学颜与教官莫文泰、抚瑶官谢成学、监生邝京寿、长老邱凤等为首倡，向县令倡议建复故城（上城），得到了乡民180余人的积极响应。也有人不理解，对李学颜说："故城荒废几百年，丰腴土地有人耕，贫瘠土地有坟墓，征地谈何容易？"李学颜说："土地我也有，我将带头全部捐官府，其他人的耕地和墓地，可按市价由官府收回。"有人担心地问："城墙用土砌，等于无城；砌得不高不厚，同样等于无城，需要如此大的资金，如何筹集？"李学颜回应说："我以每年收入的田租作为捐款，当家的为家谋，当官的为子民谋，总是有办法的，不用担心。"李学颜首倡捐款，乡绅积极捐资，多者20金，少者一二金。当时的县令福建莆田人林大黼见大家心齐，上请惠州府，得到回复，同意建城。

于是，李学颜积极奔走，董建城事，协调于官民之间。与道宪王化等遍历故城，考卜方位，披蒙茸、斩荆棘。迁墓购地，平整土方。先定县治衙门，选择坐桂山向东北，又定城门、城墙、民宅、街巷等，规划城址，描画地图。开工后，经过一年多的时间，先是筑好了县衙前堂、后堂各4楹，门2重，建好了城北面一带城墙及东南西北4个城门，上城初具雏形，但远未完善。本计划边迁边建，因许多士民灾后贫困，无力建房，加上上城只是城郭雏形，居住多有不便，有些人也愿意固守旧屋产，不愿迁居。而首倡者李学颜，为了带好头，先在上城建房，"石狮李屋"最初的基础雏形已基本形成。

隆庆六年冬（1572年），城未迁，而县令林大黼升迁去，新任县令觉得耗资甚巨，无力再建，认为应重新集议，建城事被搁置。不久，新县令便把建城事置之度外，而接下来的又一新任县令也不问前事。直到6年后的万历六年戊寅（1578年），又一新任县令江西泰和人曾守愚上任，决意用前所议定方案，续举建城事。统计所需费用，城周围700余丈，城墙、马路、窝铺、衙宇、仓库、监狱、学校等项，费约1万金。上请分守少参李盛春，函中说："县治之设，乃地方命脉所关，印信、库、狱攸关，故相地利而宅建者，急务也；筑城垣以保障者，永图也……"请函得到回复，同意续建。

曾守愚一方面筹集公款，而李学颜身躬其事，倡议捐资。巡按广东监察御史龚懋贤，曾经目睹水患的惨状，捐赎锾400金以充公费。时曾守愚认为城墙太长，费用不足，欲截去东南一隅，缩小城内面积。恰好李焘的同科进士宋尧武时任惠州府知府，李焘修书表示感谢他对自己家乡的支持。知府宋尧武来河源巡视，见城面积被缩小，力止之，要求仍按原旧基建筑。

乡绅李学颜负责巡工，赖文迪、谢成学督工，工程费用则取之城中旧县衙卖地银3000金；士民义助捐款400金；

军饷 180 金；饷米价银 560 金；赎锾 174 金；牛税 540 金；没收蓝能寇贼田价银 1500 金、长宁寇贼田价银 2000 金。其中有不足额者，则由知县陆续设法措置，一时大兴土木。万历九年（1581 年），经过近 3 年的续建，城墙威严，城楼高耸，城郭规模逐日形成。而在建城接近完工时，县令曾守愚 3 年任职满，升迁新职，由新任县令汤民仰接任。不能留住曾县令，百姓为之愧惜，依依不舍，感激这位为续建上城、为百姓造福的好官。

万历十年初夏（1582 年），河源再次遭特大洪水，再次造成严重的财产损失和人员伤亡。当时，溪谷堰塞，冲毁田亩千余顷，下城及三廓房屋倒塌近千间。分守道胡时化见百姓惨状，上请于总督两广军务兼广东巡抚福建长乐人陈瑞，陈瑞拨给军饷 200 金用以赈灾，并命令县令汤民仰带领民众，刻期迁入上城，以为民望。李学颜因之前"石狮李屋"已基本建好，年底时，率先迁入上城。而之前不愿迁入的民众，经过大洪水后，后悔当初不早打算，纷纷在上城建房。经过半年的完善后，历时 12 年断断续续的建设，历经几任县令，上城建城终于完工，于万历十一年正月初六（1583 年 1 月 29 日）刚过春节，县衙正式迁入上城。随后，民众也陆陆续续迁入。

上城建好后，因上城赖以避险的鳄湖无法蓄水，不能成为护城之湖，仅仅依靠城墙护城仍难防止山寇入城。一城安危，既依赖于城墙，又依赖于湖水，必须环以湖水以确保城中安宁。李学颜不顾年事已高，又开始四处奔波，策划修渠筑湖，认为有城必有隍。因此，他审定方案，描画地图，并实地考察了筑渠引水的地方。李学颜因建城筑湖事长期日夜操劳，以致劳累过度，积劳成病，卧床不起。病情危急时，他再三叮嘱来看望他的缙绅："如果我过不了这场病劫，等我儿子李焘回来后，一定要把筑渠的图和方案交给他，让他去完成我的心愿。"当时，阖邑老幼上香露祷，乞宥一人为万民命。李学颜好像真的得到了神明的保护，奇迹般地转危为安，病情稍有好转。

万历二十年七月（1592 年 8 月），李学颜病逝，时年77。李焘归家丁忧。万历二十三年（1595 年），李焘必须完成他父亲的生前遗愿及嘱托，完成对鳄湖的建设。他根据其父亲留下的方案，召集县令及谢成学、李乾等人商议。当时，李焘的同科进士陈蕖任两广总督，李焘与他的儿子举人李树桢联名上请拨款，陈蕖念之情谊，拨军饷 200 金，其他资金则由民众捐款以补不足。于是，在下埠筑基，厚15 丈，高 3 丈，长 20 余丈，名称"万年基"。其他地方有深水、鹅公沥、牛角塘、木棉塘及城南之南涧等处，凡可以引水的地方，皆筑渠引水，引入鳄湖或织女池中。湖中清淤泥、筑湖堤，扩宽湖面，环湖绕城。从此湖水碧蓝，城赖以固守，民汲以饮食。城添秀丽，邑增形胜。李焘也终于完成了他父亲的临终嘱托，民众为了感谢陈蕖的拨款，以其职称鳄湖为"制府湖"。

李学颜、李焘、李树桢三代人为家乡建设出钱出力，热爱家乡，惠泽乡梓。而李学颜更是身体力行，为上城建城及鳄湖建设耗尽精力。他逝世后，河源民众在他督教子弟的"天乐会所"中，为他立"尊德祠"，以不忘其德行。时河南布政使司右参政、翰林院修撰官李维桢为"尊德祠"撰碑文，文中有："李公于全城有全力焉。吾侪小人，城以内夜户不闭，城以外水不为灾，而为用几与造化争衡，食其德而不思报，非人也！"

第七节　民间传说中的李斗野

李焘的名字河源人知者不多，而李斗野的名字则老源城人都知晓。历史上河源中进士者不多，而官至二品者更是凤毛麟角。自古名人多神话，民间传得神乎其神，将故事神化也不足为奇。而今之编史者却不可信以为真，故事采之于道路则更不可取，非严谨之史学也，茶余饭后之故事耳。

历史上的李焘其人也是普通人，从小受儒家思想熏陶，勤奋读书，由儒入仕，有"得君行道""修身、齐家、治国、平天下"的理想，更有"邦有道则仕；邦无道则可卷而怀之"的思想品格。在处理"楚宗之乱"事件时，面对朝廷腐败，党争激烈，罢官拂袖而去，退隐河源，正是这种品格的体现。他一心为政，清明廉洁，执法公正，爱民如子。不求留名，不求留言，不结朋党，为官14任，政绩卓著。尤为可称颂者，热爱家乡，筑城开渠，鳄湖环城，民得以避水患、抗山寇。居城有踞，民赖以安。

李斗野名字释义

古人名与字有别，长辈直呼其名，家人冠以辈分之称谓。字表其名，表述名之义，外人多称呼其字。成年后，又以号表述其字。李氏名焘，焘，从寿从火，意为长久的光明，覆盖大地，有"迈仁树德，覆盖无疆"之义。能覆盖无疆的光明则为日、月、星。字表其名，则"焘"若如日月照临大地，泽被万物，覆盖无疆，故表字"若临"。日、月、星为天象，古有天文分野，南方古属九州之扬州，斗分野，故又以"斗野"表其号，释方位为南方。

传说中的鲤鱼精转世

河源鳄湖中的碑刻中有云："李焘，字若临，号斗野，出生在曾田，传说他是鲤鱼精转世，不能困在罾（与曾同音）里，于是移居到河源……"

民间传说倒是不必在意，而相关部门依民间传说为据，在重修鳄湖时修建了一个长长的碑刻，题为"鳄湖简记"，引用民间之传说，无史实依据。是否"鲤鱼精转世"？智者读后只会一笑之，传说而已。至于在曾田出生，不能困在罾里，也是传说而已。而实际上是李焘的祖父李景星，因幼失怙恃，又遭家变，避家难随陆祖母由曾田逃到河源县城。也就是说，明弘治年间（1500年），李焘的祖父李景星11岁时，已随陆祖母到了河源安家。

加城一尺与加城一只

《鳄湖简记》碑刻中又云："……为了发展河源，李焘上奏皇帝，将河源加城一尺（增加城面一尺），据说皇帝准奏后，李焘便将'加城一尺'改为'加城一只'，修建了下城，于是河源才有了上、下两城。"

且不说"修建下城"的文字错误，稍有点历史常识的人或许知道奏疏的严谨，谁人敢修改皇帝批复的圣旨？"矫旨"是杀头之罪。小小的县城循旧址复建，何须报请皇帝？再则，河源上城，为河源元代前的故城，因元朝末兵祸，毁于战火，民众遂逐步集居于下城及城郭周围，下城便逐步成了县衙公署及民众的集居地。自元末至明代隆庆年间的近300年间，故城（上城）已成荒山野岭，荒冢遍地。

河源塔无顶

坊间流传着离奇的传说："河源塔无顶，龙川塔无影。"传说河源的塔无顶是因为神仙在夜间建塔时，李斗野怕破坏了李家风水，半夜在塔附近学鸡叫，神仙以为天亮了，塔未建成而离去。

其实龟峰塔是常年失修而损坏，且塔也非万历年间始建，万历三十年（1602年），县令陆大观开始修复龟峰塔时，李焘时丁母忧在家，曾协助县令陆大观建塔，是年底已赴湖北任湖广按察使，当时塔还在建造中。也就是说，建塔即将完工时，李焘已远赴湖北。塔建成后，万历三十三年冬（1605年），陆大观任满，授任新职为永宁知州。赴任途中，恰逢李焘从湖北罢官回家，道经旧治衡州府探望故旧。两人在湖南沅塘的水道上相遇，留宿相聚，可谓奇遇。据《河源县志》记载，龟峰塔是在清朝咸丰二年（1852年）因年久失修崩塌一级，时离建塔已250年。故事穿凿附会，毫无根据。

断龙筋之说

众所周知，鳄湖环护是为了防御明代频繁的山寇抢掠，然湖水必有新水源才能清澈不腐，亦可美化城邑。上城于万历十年建成后，因今鳄湖地为低洼处，旱则田，雨则湖，四时变化，湖水浑浊，不能起到护城的作用。李学颜为使城邑安宁，踏遍周边区域，谋划凿渠引水，蓄水为湖。

对于恢复故城、修整鳄湖在当时的作用，时任南京礼部侍郎杨起元在《制府湖记》中云："辛未、壬午，两罹水患，漂溺者尤众。于是，令长、父老相率修复古城居之，民始即安。是城也，非河源之休戚所系欤？当城盛时，银汉之水出自桂山，绕城之西而北其北、汇其东为鳄湖，城因之以为险，其守可固，是以历千数百年而无患。其后下埠沥洩，而深水沥继之，鹅公沥继之，牛角埁、木棉塘又继之，故寇之能陷城者，城之失其险也。一陷而遂不复，以至于别城者，不难于复城而难于复湖也。城以湖失而废，又以湖难复而竟废，则是湖也，又非城之兴废所系欤？夫城之兴废，为河源之休戚所系，城重湖之有无，又为城之兴废所系湖尤重。"

杨起元将城与湖的相互依存关系，以及下埠沥、深水沥、鹅公沥，牛角埑、木棉塘的相继堰塞所造成的城失其险，描述已很清楚。故有城必有隍，城隍必备，城才能得以安。鳄湖之建，因山寇啸聚，城失其险，拟筑城隍以安民。为了新建的上城永固，李学颜继倡建上城后，又开始了他的另一计划，开渠凿湖。他不顾年事已高，遍历荒原，描画地图。因建城凿渠事长期劳累过度，李学颜积劳成疾。万历二十年，李学颜病危时留下遗言，希望儿子李焘完成他凿渠修湖的心愿，并留下画图。李学颜病逝后，李焘丁忧在家。万历二十三年，为完成父亲生前嘱托，李焘、李树桢父子请于两广总督陈蕖，开挖鳄湖。《惠州府志》记录云："鳄湖沥洩，城失其险。二十三年，乡官李焘请于制府陈蕖，捐军饷二百。即下埠筑基蓄水，名'制府湖'，城赖以固。"陈蕖与李焘同科进士，因李焘上请资助开渠筑湖，制府陈蕖捐军储200金为助工，其余由乡绅集捐。湖得以成，赖制府陈蕖捐助，故鳄湖亦称"制府湖"。鳄湖者，恃其势喻其险，以为城隍；制府湖者，称官衔以彰功德，以彰制府陈蕖。鳄湖的建成，为保护上城起到了重要的城防作用，民众从此安居乐业，同时又为河源增添了秀丽的风景。杨起元在《制府湖记》中说："而湖乃汪洋浩荡成巨浸，于厥城之东，而银汉之源所以委输于西北长濠者，益以弘衍静深，城赖之以为固，而汲其清以资饮食，挹其秀以兴文运，为利巨矣。"

因开渠引水时工程较大，涉及少数民众的迁地等利益，也有个别人有看法。礼部尚书韩日缵，在为李焘的81岁祝寿词中也说到了此事："有恶少年狺狺其舌，谓先生所改，非是当事者居其间。"也就是说，有人说李焘开渠征地，对自己的利益没有任何损害。而李焘走访民众，"转圖听之，毁其家以利邑之人"。捐地捐款，为了利民、利邑，一切出于公心。正如韩日缵言："改邑改井，凿石浚川，俾有聚庐托处之安者，皆出于公之拮据。人各有心，狂吠狺狺，而公毁家为邑，嘉惠扮榆之意。"

入清后，作为明代官宦家族的李焘后裔，为逃避清兵捕杀，躲避于桂山等地。直至形势稍定，清政府采用怀柔政策，后裔才陆续重出县城居住，而李焘的光环也逐渐退去。清代有形家言，石峡是河源入龙处，开渠伤了龙筋，从此河源无高过李焘官阶的人出现。后人还传言："某一小官来河源，入石峡后见龙筋被破，骑马直入城言'此无大人矣'！"此种评价，为民建城却遭蜚语，也许李焘始料未及。

清初，有人提出凿鳄湖开渠伤龙脉，想把鳄湖及引渠填平。以致吴浚编《河源县志》时也有这种担忧，担心鳄湖被填。"入清后，或有造湖伤脉而欲填鳄湖之说，吴浚编《志》，虑强梁填筑，湖不能久远。读之亦可叹也。"

是否开挖水渠、建筑鳄湖破坏了河源龙脉，致使河源科举不兴？人见人智。古之先贤，有山川有助人文之信念，而入清后，战乱频仍，政权几易，又山寇啸聚，迁海恶政，民不聊生，何以论举业？有明一代，惠州府理学兴盛，士习成风，科举创历史之最，而入清后一蹶不振。而李焘后裔亦无高于其官阶者，难道是李焘之所望？非也！山川既有助人文，而时势亦定人文之兴衰也。鳄湖之开凿，增邑之胜景，遗万年之福泽。

乾隆年间，县令陈张翼重修下城，开创了"双城一气"之新格局。他在编纂《河源县志》时，在卷之一"山川""鳄湖"特作按："《吴志》云：昔有议者，谓迁复古城功德实大，但以地理论之，凿断气脉、填筑堤岸，不无伤龙之嫌。夫既有槎江缠绕以为池，近在咫尺，险莫踰于此矣，安在一沟一壑之为险哉！今按伤龙之说，事犹渺茫。至谓槎江即可为池，其理至当。前人但以有城者不可无池，而未审于强凿者之终难久远也。此前，《志》虑鳄湖之凿脉，又虑鳄湖之不能久远也。余思鳄湖之初，上城东门外定系低洼，非尽由于开凿。今二城并治，取东向则上城东门内外局乃金鱼映腮之水，虽有人功，实由天造地设，并无伤于龙脉也。既有万年基，又有桥堤，载入志乘，何虑强梁之填筑耶？"

玩味陈张翼之言，也就是说，之前有人认为，李学颜、李焘建城的功德虽大，但有伤龙脉之嫌。河源既有江水环城，可视为城池，江河之险，足可以护城，不在乎一沟一湖。这便是清初形家的看法，也就是"伤龙筋"之说的源头。

以江为城隍，在当时的民力、兵力是否能足以守江为险？至于当时凿湖开渠的功用，杨起元在《制府湖记》中已阐述详尽。前人认为有城不可无池，没有考虑后人是否填筑。历史沧桑巨变，任由后人评说。

第八节　李焘父亲李学颜的故事

弭械斗，学颜劝说睦乡邻

李焘中举后，李学颜放弃了谒选，全身心守在母亲身边以尽孝。嘉靖末年的某一日，他决定回曾田祭祖，以告慰祖先的在天之灵。刚到曾田境，路见曾田的一帮乡亲手拿棍棒，气势汹汹，急急往一处奔跑。只见远处锣声震天，人声鼎沸，不知何事。询问得知，曾田与上莞相邻，因纷争相结为仇，两地又因事将集众械斗。李学颜听后，二话没说，也不急于回祖居，急急赶赴事发现场。赶到现场后，见情势汹涌，李学颜对众人说："大家安静一会，听我说几句话。"人群有人高声讥笑说："你一介布衣，算什么官，还出来管闲事？"众人一齐哄笑。李学颜回应说："我是河源贡生李学颜。"有人说："我们将讨伐上莞人，我们的事你不要管了。"李学颜镇定地说："不是我爱管闲事，集兵征讨，只有朝廷才有权力，即使上莞人有罪，也应该有官府来处置。你们私自集众打斗，有什么权力说征讨？如果大家乘一时之冲动，必然欲置上莞人于死地，而上莞人自知你们欲置于他们死地，也必然以命相拼，两败俱伤，到时谁胜谁负还未知。若官府出兵征讨你们，那才是名正言顺的征讨。你们私下集众，有什么理由称兵征讨呢？轻则为首称兵者诛，重则灭族。胜亦死，负亦死，你们只不过是去送死啊！等你们事已成实，罪名成立，到时后悔，说什么都没用了。大家不如就此解散，不仅仅是保相邻，也是保自己啊！"经过几番劝说，人群中一些稍理性的人觉得有道理，气氛虽缓和了许多，但仍有少部分人没有解散。李学颜见气氛稍缓，人散去许多，估计暂时出不了大事，匆匆赶回曾田祖居，约宗人一同前往规劝。黎明时分，与宗人再次来到事发现场，见仍有少量人未散去，本约定由宗人出面规劝，但宗人碍于乡里情面，不敢劝说。李学颜高声说道："人生只不过适时行乐啊！喝喝酒、对对歌，好好过日子。谁人愿意放着好日子不过去打打杀杀，丢下父母妻儿不顾啊！"几番劝说，朴实的话语容易打动人，众人纷纷丢弃棍棒，解散而去。一场即将伤及曾田、上莞两地民众的集体械斗，终于在李学颜的劝说下平息。曾田人感动地对李学颜说："公真是让我们重生啊！"而上莞人为感谢李学颜的品谊，送来60金以答谢。李学颜不收，开着玩笑说："这完全是天佑你们啊。若你们不顾自己的七尺之躯，自耻为良民，我说什么都没用啊。"众人大笑。

李学颜解乡民械斗之事一时传为佳话，时翰林院日讲官汪道昆为作《河源李封君传》。万历四十七年（1619年），朝廷诰赠李学颜通奉大夫的制词中有："文章华国，诗礼传家。谢廷选而高不事之志；陈嘉言以解曾田之兵。迁城捍患，计出万全。导水浚源，功勋永赖。惠泽被于千年，恩纶自申三锡。"对他一生的品德，如弃官尽孝、教育子弟、陈言解兵、筑城凿湖等，给予了高度的评价。

第九节　家训学习内容

传承先祖家训　践行当代价值

"蹈义履仁，济人约己"是河源开先祠李氏始祖景星公为人处世的人生写照，是朝廷诰赠景星公为中大夫的制词，也是先祖为我们后裔立下为人处世的家训。

"蹈义"说的是遵循、恪守道义，是为人处世的基本准则。我们社会中的每一个人，为人处世要有道义，"义"代表公正、公道、道理；合乎于义理、情理，它是人类社会活动的公义，是人类认同的公正道理，是不可违的"天道"。

"履仁"说的是践行、履行仁义，是为人处世的思想境界。为人处世首先要树仁立德，要有道德观念，要有仁爱之心。孔子把"仁"作为人的重要的道德标准，它是人品、人格的思想境界体现；它包括了孝、弟、忠、恕、礼、知、勇、恭、宽、信、敏、惠等道德范畴。"仁"字从"人"、从"二"，它的本义就是指相互友爱的二个人在一起。孔子说："仁者，人也，亲亲为大。""仁"就是人，是人与人之间的关系，这种关系的大义体现就是"亲"字，也就是与人为亲。

"济人"说的是帮助别人，也就是我们常说的"乐于助人"，它是"仁"的具体行为。乐于助人、热心捐助，相互友爱、相互帮助，既是"仁"的体现，也是人与人相处的基础，人人都有爱心，社会就会更加和谐。

"约己"说的是约束自己，是对个人修身的基本要求。做人要有道德，要有行为规范，要讲文明、讲道德，更要有理想、有社会担当。先祖有"贻谋严奢荡之防"的规训，"贻谋"是指祖、父辈对子、孙后代的教诲；"奢"是奢侈、追求享乐；"荡"是放纵、放荡，无道德观念、无法律意识，行为不羁。我们大家要牢记先祖的教诲，严格约束自己，遵守社会公民的基本行为规范，遵纪守法，做一个合格的现代公民。

大家要深刻领悟"蹈义履仁，济人约己"八字家训的真谛，发潜德之幽光，将先祖的传统美德发扬光大，融入社会的大家庭中。

家庭、宗族是社会的一个小细胞，社会是由无数个小细胞组成的，小细胞虽小，但含病毒的小细胞也会危害健康的肌体。因此，我们学好家训就是要从自身做起，从家庭做起，然后再推演至每一个人的本职工作中，推演至社会的大家庭中。也就是说，要从小处着手，大处着眼，以小方能见大。儒家经典《大学》中的主旨就是"修身、齐家、治国、平天下"，说的就是立足于修身、齐家，放眼于国家、天下。所以要学好家训、用好家训、记住家训，同时也要融入社会，践行当代社会主义核心价值观。不仅有修身、齐家的思想品德，更有国家、天下的大胸襟。

人类社会在不断进步，在新的历史条件下，社会的道德范畴更加丰富，需要人们具有更高的思想境界，我们必须与时俱进。一个合格的现代公民，必须具有良好的思想素养，必须倡导和践行新的社会主义核心价值观。社会主义核心价值观有24个字："富强、民主、文明、和谐、自由、平等、公正、法治、爱国、敬业、诚信、友善"。我们学好家训，正是为了更好地践行当代价值观。通过学习家训，要体现在每一个人的日常当中，践行在每一个人的行动当中，落实到每一个人的本职工作当中。

在个人修身上，讲道德、讲文明，爱学习、勤工作，遵法纪、守公德，对人友善、扶困济急，言行举止要遵循道义，严格约束自己。

在家庭中，要尊敬长辈、孝敬父母，夫妻恩爱、和睦友邻，勤俭持家、育教子孙，营造良好的家庭氛围，做文明家庭。

在本职工作中，敬业诚信、努力工作，热心公益、奉献社会，公正廉明、爱国爱民，更要树立远大的理想，有心怀家国天下的大胸襟。

总之，我们通过学习家训，就是要立足自身，推演至家国天下。既要发扬传统美德，传承良好家风，更要自觉践行当代价值观，自觉融入中华民族的大家庭中，为社会、为国家贡献力量。

后　记

　　历时 3 年时间，在走访各地为纪念李焘而兴建的纪念馆、宗祠、庙宇、碑等，查阅大量官方史料文献和民间资料，并参照众多其他有关研究资料的基础上，完成了这部书稿。感谢中国传媒大学文学院教授、博士生导师刘春勇，河源市史志办副主任杨石建的业务指导；感谢惠州市文化研究会副会长、惠州岭东文史研究所监事、河源李焘文化研究理事会会长李明华先生提供的各地历年《李氏族谱》等史料；感谢麦田先生、蓝颂华女士等在本书编辑出版过程中提供的帮助。

　　因见识和能力所限，本书定有不少瑕疵乃至错漏，恳请各位方家批评指正。

编　者

2018 年 12 月